U0513643

# 船山思问录

【清】王夫之 撰
严寿澂 导读

上海古籍出版社

图书在版编目(CIP)数据

船山思问录/(清)王夫之撰;严寿澂导读.—上海
:上海古籍出版社,2020.5(2025.6重印)
(天地人丛书)
ISBN 978-7-5325-9624-9

Ⅰ.①船…　Ⅱ.①王…②严…　Ⅲ.①王夫之(1619—1692)—哲学思想—研究　Ⅳ.①B249.25

中国版本图书馆CIP数据核字(2020)第073058号

天地人丛书
船山思问录
【清】王夫之　撰
严寿澂　导读
上海古籍出版社出版、发行
(上海市闵行区号景路159弄1-5号A座5F　邮政编码201101)
(1)网址:www.guji.com.cn
(2)E-mail:guji1@guji.com.cn
(3)易文网网址:www.ewen.co
启东市人民印刷有限公司印刷
开本850×1168　1/32　印张5.375　插页3　字数107,000
2020年5月第1版　2025年6月第5次印刷
ISBN 978-7-5325-9624-9
B·1149　定价:25.00元

# 出版说明

儒家自孔子开派以来,留意的是修齐治平之道、礼乐刑政之术,其间虽有仁义中和之谈,但大抵不越日常道德之际。汉唐诸儒治经,大多着重名物训诂、典章制度,罕及本体。及至宋儒,始进而讨究原理,求垂教之本原于心性,求心性之本原于宇宙。故原始儒学的特色是实践的、情意的、社会的、人伦的,而源于宋、延及明清的儒学(即宋明理学)的特色则是玄想的、理智的、个人的、本体的。

北宋周敦颐作《太极图说》,阐发心性义理之精微,奠定了理学的基础。此后理学昌盛,大致可分三大系统:二程(程颢、程颐)、朱熹一系强调“理”,陆九渊(象山)、王守仁(阳明)一系注重“心”,张载、王夫之(船山)一系着眼“气”。清初颜元(习斋)初尊陆王,转宗程朱,最终回归原始儒学,以“实文、实行、实体、实用”为治学宗旨。

《天地人丛书》选取宋明及清初诸位大儒简明而有代表性的著作凡8部,具体如下:

### 1. 周子通书

北宋周敦颐字茂叔，世称濂溪先生。他继承了《易传》和部分道家、道教思想，提出一个简单而有系统的宇宙构成论："无极而太极"，"太极"一动一静，产生阴阳万物；圣人模仿"太极"建立"人极"；"人极"即"诚"，"诚"是道德的最高境界。周敦颐的学说对以后理学的发展产生极大影响，他的代表著作《通书》不仅蕴涵丰富的义理，而且浑沦简洁，为后人提供了广阔的想象与阐释空间，被后世奉为宋明理学首出之经典。

本书以清道光二十六年（1846）何绍基刻《宋元学案》本为底本排印。书后附相关文献六种：《太极图》《太极图说》《朱子论太极图》《朱子论通书》《朱陆太极图说辨》《梨洲太极图讲义》。

### 2. 张子正蒙

北宋张载字子厚，世称横渠先生。张载提出"太虚即气"的理论，肯定"气"是充塞宇宙的实体，"气"的聚散变化形成了各种事物现象。张载一生著述颇丰，有《文集》《易说》《春秋说》《经学理窟》等，《正蒙》是他经过长期思考撰成的著作，是其哲学思想的最终归结。因此，该书不仅受到理学家的推崇，其他学者也十分重视。

本书以清同治四年（1865）金陵书局刻《船山遗书》本《张子正蒙注》为底本排印，除《正蒙》原文之外，还收录了明末清初王夫之的注释。

### 3. 二程遗书

程颢字伯淳，世称明道先生。程颐字正叔，世称伊川先生。兄弟俩同为北宋理学的奠基者，后世合称“二程”。程颢之学以“识仁”为主，程颐之学以“穷理”为要，他们的学说后来为朱熹所继承和发展，形成了程朱学派。《二程遗书》较为全面地体现了二程理学思想。该书反映了以程颢、程颐为首的北宋洛学的思想特征，也反映了二程的历史观点。

本书以清同治十年（1871）涂宗瀛刻《二程全书》本为底本。书后附《明道先生行状》《墓表》《门人朋友叙述并序》《伊川先生年谱》等相关文献。

### 4. 朱子近思录

南宋朱熹发展了二程关于理气关系的学说，集理学之大成。他的著作在明清两代被奉为儒学正宗，他的博学和精密分析的学风也对后世学者影响巨大。《近思录》十四卷，是朱熹在另一位理学大师吕祖谦的协助下，采摭周敦颐、程颢、程颐、张载四先生语录类编而成。此书借四人的语言，构建了朱熹简明精巧的哲学体系，被后世视为“圣学之阶梯”“性理诸书之祖”。

本书以明嘉靖年间吴邦模刻本为底本。书后附《朱子论理气》《朱子论鬼神》《朱子论性理》三篇，均摘自《朱子语类》。

### 5. 象山语录

南宋陆九渊，世称象山先生，他提出“心即理”之说，认为天理、人理、物理即在吾心之中，心是唯一的实在。《语录》二卷集中反映了他的思想特征。

本书以上海涵芬楼影印明嘉靖间刻《象山先生全集》本为底本。

### 6. 阳明传习录

明王守仁，世称阳明先生，他发展了陆九渊的学说，形成“陆王学派”，主张用反求内心的修养方法“致良知”，以达到“万物一体”的境界。《传习录》三卷，是王阳明心学的主要载体。

本书以明隆庆六年（1572）谢廷杰刻《王文成公全书》本为底本。

### 7. 船山思问录

明末清初的王夫之，字而农，世称船山先生。他对心性之学剖析精微，有极浓厚的宇宙论兴趣，建构了集宋明思想大成的哲学体系；他不仅博览四部，还涉猎佛道二藏，工于诗文词曲。船山之学博涉多方，若要对其思想有一个鸟瞰式的把握，《思问录》可作首选。此书分为内外二篇，内篇是对自家基本哲学观点的陈述，外篇则是申说对具体问题的看法。《思问录》是船山学说主要观点的浓缩，可与《张子正蒙注》互相发明。

本书以民国二十二年（1933）上海太平洋书店排印《船山遗书》本为底本。末附《老子衍》《庄子通》二种。

**8. 习斋四存编**

清颜元号习斋，少时好陆王书，转而笃信程朱之学，最终又回归周孔，提倡恢复“周孔之学”。在学术上，和学生李塨一起，倡导一种注重实学、强调“习行”“习动”、反对读死书的学风，世称“颜李学派”。被后人推崇为“继绝学于三古，开太平以千秋”的《四存编》，反映了颜习斋一生的思想历程。此书分“存性”“存学”“存治”“存人”四编，作者的主要思想表现在“存性”“存学”两编里，“存人编”则专为反对佛教、道教和伪道门而作。

本书所依底本为民国十二年（1923）四存学会排印《颜李丛书》本，该版本在民国时流传较广，但相较于康熙年间初刻本，略去若干序跋、评语。此次整理，将略去部分补足，以还初刻本之原貌。

本丛书每本之前，冠以专家导读，勾勒其理论框架，剔抉其精义奥妙，探索其学术源流、文化背景，以期在帮助读者确切理解原著的同时，凸现一代宗师的学术个性。同时，整套丛书亦勾画出宋明理学前后发展的主线，是问津宋以后儒学演进、下探当代新儒学源流必读的入门书。

# 目　录

# 船山思问录导读

严寿澂

# 引言：解读船山与《思问录》

王夫之，衡阳人，字而农，号姜斋，晚年隐居湘西石船山，学者称船山先生。船山一生的行事与思想，最可注意的有两点：一是立身的坚贞。他明亡后不剃发，不易服，不为黄冠，不入空门，以汉族衣冠终其身。在明遗民中大概是只此一人。二是思想体系的庞大复杂。他对心性之学剖析精微，而且有极浓厚的宇宙论兴趣，建构了集宋明思想大成的哲学体系，可说是朱子后一人。他不仅博览四部，还涉猎佛道二藏，对道家内丹术与佛教唯识宗都有研究，并且不废艺文，工于词曲（不仅作了大量的词，还有杂剧作品《龙舟会》传世）。其学问之博，兴趣之广，亦可说是朱子后一人。

在所谓清初三大儒（顾炎武、黄宗羲、王夫之）中，[①]近代对船山的研究大概最多，而误解也最多。纵观中国学术思想史，无论就人格风范或学问气象而言，船山都是属于宋明儒的传统，与后此的清儒迥异（现代两位史学大家吕思勉与钱穆均持此看法）。但是百余年来的学者，往往把船山看作是背离，乃至反对宋明理学的思想家。最初把他说成是现代民族主义的先驱，后来又描绘成唯物主义思想家，晚近则着眼点又

① 顾、黄、王并列为“三大儒”，是在同治、光绪之际。船山当时，亦有三大儒之目，但那是指孙奇逢、李颙与顾炎武。香港学者何冠彪对此有详细考察，见其《顾炎武黄宗羲王夫之合称清初三大儒考》，载台北《故宫学术季刊》七卷四期（1990年夏），页71—80。

不同，从“唯物主义”转向所谓“实学”。然而若是平心静气，通观船山著作，可见凡此种种说法，与船山思想的真际，相距实是颇远。究其误解的原因，首先是时风的熏习。船山著述甚富，据文献记载，约有一百余种，凡四百余卷，都八百余万言；今存七十三种，四百零一卷，四百七十余万言。[①]然而直至同治四年，即船山卒后一百七十二年，其著作才首次大规模刊行。（即曾国藩兄弟所刊金陵节署本《船山遗书》，收五十六种，二百八十八卷。前此，道光二十二年，湘潭王氏遗经书屋刊《船山遗书》，仅收十八种，一百五十一卷，其时距船山之卒亦已一百五十年。至于《四库全书》，虽亦收船山著作数种，但重视的只是近于汉学考证之作。）亦即船山的大部分著作，在写定后的二百年间，并不为人所知。其著作开始流行，已是同、光年间。其时正值外族凭陵侵迫，吾国社会处于急剧变迁之际，理学之风早已衰歇，汉学亦渐成强弩之末，一般学者所看重的，是《读通鉴论》《宋论》之类有关经世之作。尔后反满革命之说兴，可与现代民族主义接轨的《黄书》《噩梦》等书，于是广受青睐。西方科学输入，更有学者（如梁启超）强调船山思想的知识论或认识论方面，以为与西人之说相符。黑格尔、马克思之说日渐风行，以辩证法、唯物论解释船山思想随之蔚成一时显学。改革开放以来，情势又一变。各种思想学说，凡是看来可与近世西方工商社会的风习拉上关系的，

① 刘志盛《王船山著作传本知见录》，载《中国哲学》第十辑（1983年），页312。

无不纳入所谓“实学”之内（其范围远较前此的“唯物主义”为广）；诠释船山，于是又有了新的路向。总之，百余年来学者对船山思想的研究，用力不可谓不勤，著述不可谓不富，然而犹如陈寅恪先生批评当时哲学史家所说，“往往依其自身所遭际之时代，所居处之环境，所熏染之学说，以推测解释古人之意志”[①]，因此在客观的了解方面，颇觉不足。

对船山思想易致误解的另一原因，在于其思想本身的复杂性，以及著述体裁的限制与表达方式的峰回路转。船山哲学的根基，可称为一元而二分的气化论。形上与形下、理与气、道与器、气与神、理与欲等等合一之说，船山著作中触处可见。如《读四书大全说》卷八说：“终不离欲而别有理。”船山思想是唯物主义、代表所谓“启蒙”之类说法，便可由此而推演。然而船山又说：“有公理，无公欲。私欲净尽，天理流行，则公矣。”（《思问录内篇》）似乎是以理为主，与程、朱之说并无二致，又当作何解释？须知在船山思想中，任一概念，必含表里二面，互为体用，切不可得其表而忘其里。以“气”概念为例：就具体的物而言，其“体”是形，“所以体夫物者”，则是“形而上”的气。（《读四书大全说》卷二）但就气本身而言，其“体”是“气”，“所以体夫气者”则是“神”。至于就宇宙本身之所以如此而言，其“体”是“理”，“所以体夫理者”则是气。总之，要明白船山所用概念究竟何所指，不可但凭字面，必须

① 《冯友兰中国哲学史上册审查报告》，载《金明馆丛稿二编》（上海：上海古籍出版社，1980年），页247。

根据上下文,明其表里二面之义。此外,船山当时,哲学名词不及现在之多,同一“气”字,有时指具体物中较浊的气,有时则指“清虚一大”的“太虚”;其他名词亦然。若不分疏明白,往往差以毫厘,谬以千里。

船山《自题墓石》云:“抱刘越石(刘琨)之孤愤而命无从致,希张横渠(张载)之正学而力不能企。”这“孤愤”二字,切不可轻易放过。他在说经论史之际,孤愤之情,有时不可遏止,以致语气激烈,有失平衡,甚或与自己的根本思想不相契合。读船山书,在此等处必须留意。此外,船山极推重《庄子》内篇的文辞(以内篇为庄子自撰),以为“虽洋溢无方,而指归则约”,而且“自说自扫,无所粘滞”。(《庄子解》卷八)这也可说是船山的夫子自道。我们解读船山,不可目迷于“自说自扫”“洋溢无方”的字句,以致失其指归。

船山著作,大部分是注疏体裁。我们在解读这类作品之时,对于何者仅是船山对原著的阐释(不代表自己的主张),何者是发挥自家之说,务须分辨清楚。而且既是注疏体裁,总不能完全撇开原著,于是发挥自己主张之时,不免有所限制。因此,即使要了解船山对某一问题的真实看法,也必须把各书打通,合而观之,更何况要把握船山哲学之全了。

船山并非没有正面申述自己主张之作,但是这类著作大都类似札记,而不是系统的论述,《思问录》即是一例。船山之学,博涉多方,终以横渠为归宿。《正蒙注》成于六十七岁、重订于七十二岁时,可说是晚年定论。《思问录》写定虽稍早,但据船山哲嗣的《姜斋公行述》,《正蒙注》与《思问录》“互相发明”。因此，若要对船山思想有一个鸟瞰式的把握，《思问录》可作首选。此书分内、外二篇，内篇是对自家基本哲学观点的陈述，每则篇幅短小；外篇则是申说对具体问题的看法，颇多天文、历数、五行之类，每则篇幅稍长。此书，尤其是内篇，可说是船山学说主要观点的浓缩。然而正因浓缩之故，初学者有时殊难索解。要真切了解此书所说，不可不对船山哲学的全貌，有一个大概的轮廓。以下分三部分概述船山哲学的主要线索。船山秉承宋明儒学的大传统，所关切的，乃是如何做工夫、如何理解理气关系等理学内部问题，决不是今人心目中的唯物与唯心之辨、“启蒙”与“封建”之争。若对宋明儒学发展的“内在理路”无所了解，与船山的思想终是隔了一重公案。本文末章，即是对此的阐述。

## 一、船山的基本宇宙观

宋明儒学中，程、朱一派强调理，陆、王一派注重心，横渠、船山一系则着眼于气；于是有所谓客观唯心主义、主观唯心主义及唯物主义之分。但是中国哲学传统中的“气”，是否等于西方传统中的“物质”呢？首先，人所呼吸的是“气”；呼吸停止，生命即终结。因此，气与生命不可分，无须另有“生命力”的假设。西方传统中所谓“物质”，原本是无生命的死物；后来的唯物主义哲学家以为，只有物质发展到高级的复杂形态，才有生命产生。而在中国传统中，有气就有生命力。这是二者的大不同处。其次，气无须外力推动，自能流布，充满空间。而西方传统必须另设“能”的概念，以与“物质”相辅。如果以西方概念比附，气是近于“能”而远于“质”。[①]第三，人所呼吸之气，即是充满宇宙、无远勿届之气，通天下皆在此一气浑沦之中（所以《庄子·知北游》篇云“通天下一气”）。“天人合一”的基础即在于此，中国本土宗教中种种神秘经验，其基础也在于此。第四，气凝聚而生人生物，体坏形散之后，复返天地之一气。此即《庄子·至乐》篇所谓“万物皆出于机，入于机”。死与生，不过是一气的聚散变化而已。中国思想传统中的生死观，即是基于此一看法。第五，气既是生命力、宇宙的动力因，又是万物的构成质料；亦即气兼具物质性与精神性。就人而言，身心虽有异，但既然都是由气所组成，本质上并无不同。[②]西方思想传统中所以有唯心唯物之争，根本原因在于心物二元的观念；而中国思想中本无心物对立的看法。因此，若以唯物主义诠释气的哲学，扞格处在所不免。

上述五点，可说是中国思想传统中气的哲学的基本预设，船山哲学亦非例外。船山以为，通天下只是一气，但是气离不开“神”：合言之，唯是一气；分言之，则有阴阳二面，“神”是

---

① 早在30年代，王永祥（孝鱼）撰《船山学谱》（北平：民国二十三年自印本），即已注意到，船山所畸重的，是能力的不灭，而不是物质的不灭。（卷二）又，日本学者石田秀实在所著《気·流れる身体（气：流动的身体）》（东京：平河出版社，1987年）中指出，中国传统思想中所谓“物”，实不同于西方思想中的抽象“物质”，而是指具体的物，其中更含有“精神”。（见页126—130）

② 中国思想中这一心物合一的“气”观念，先秦时已然。台湾学者杨儒宾近著《儒家身体观》（台北：“中央”研究院中国文哲研究所筹备处，1996年），对此论证颇为精详，可参看。

阳而“气”是阴,不离而又不杂。船山说:

> 阴阳二气絪缊于宇宙,融结于万汇,不相离,不相胜。无有阳而无阴、有阴而无阳,无有地而无天、有天而无地。故《周易》并建乾坤为诸卦之统宗,不孤立也。然阳有独运之神,阴有自立之体;天入地中,地函天化,而抑各效其功能。(《周易内传》卷一上)

船山一体而二分的宇宙观,在此说得最为明白。①

船山虽以为,宇宙间阳与阴(或神与气、乾与坤、天与地等)“各效其功能”,其德惟均,但说到底,毕竟是阳为主而阴为宾。理由是,阴“滞于形质”,“有不正者焉”,“不如乾之神明而不息,无不利而利者皆贞也”。(《周易内传》卷一)因此,船山思想可说是“唯气”,但决非“唯物”;因其所着重的是“神”,而不是“形质”。船山的基本宇宙观可以概括为:宇宙间唯是浑沦的一气,气与神原不可分;若分析言之,则气以神为主。

在船山思想中,“神”是一个重要的概念。宇宙间一气的运行,自有其主宰,此即“神”。宇宙间的理与数(即万物的具体规定性)都自神而出;然而神是“阴阳不测”,“无方而无体”的。(语见《周易·系辞传》“阴阳不测之谓神”,“神无方而易无体”。)若以“定理”“定数”去推测宇宙的运行,即是以“方数”求,决不能把握宇宙之“神”、天地之化。用《思问

---

①《周易内传》定稿于船山六十八岁时,是其晚年定论。

录外篇》的话来说，即是“天地之化，其消其息，不可以形迹之增损成毁测之。有息之而乃以消之者，有消之而乃以息之者，无有故常而藏用密”；“天地非一印板，万化从此刷出”。

神有其不易的功能，此即“天地之德”。此德是“易简”的（“理一而用不齐”，“唯阳健阴弱之理而已”）。正因其易简，所以是变化无方而不穷，无“定理”或“定数”之可言，否则就是有穷的了（若“以理言，天未有不穷者也”）。船山以为，“理自天出，在天者即为理，非可执人之理强使天从之者也”。在他看来，若以为宇宙运行有一定不易的规律，即是以天地为一“印板”，“以齐其不齐之用”；此乃以人测天，决非天之本然。一言以蔽之，“天地之德不易，而天地之化日新”。不易者，只是乾健坤顺之“德”或“理”而已；至于大化运行之中，此德此理如何主宰，则是“日新”而不可测知的。（以上内容，均见《思问录外篇》。）

由此可见，船山的基本宇宙观，与近代西方的科学观念与理性主义，相距实是甚远。近代西方科学的预设是：“天地之化”有其“定理”“定数”，是可以用人力来“穷”的；此理此数一旦被发现，即能推而广之，“以齐其不齐之用”。船山的见解，与此正相反。《思问录外篇》反对利玛窦“地形周围九万里之说”，所持理由是：人的目力不可能见到九万里之遥，利氏之说，系根据望远镜所能见到的加以推测而得；此乃依定数“死算”，无当于实际。（船山反对邵康节的象数之学，理由也在于此。）可见梁启超所谓船山知识论合于西说，全是想当然之论。

欧洲十八世纪的启蒙思想家所主张的,正是理性主义,亦即,世界由普遍的理性所主宰,万事万物都有定理可循,犹如几何学的命题,可由几条公理推出;人类的历史,最终将统一于此普遍理性之下。而船山对于宇宙,持一种冥契的态度,略具神秘色彩。此外,欧洲启蒙思想家对于自然界,并无变化日新的观念,以为自然秩序是亘古不易的。(以“时间”或“历史”意识注入对自然界的认识,是十九世纪达尔文主义兴起以后的事。)这与船山的宇宙观根本相反。即此二例,足见以船山思想为代表“启蒙”,实是南辕北辙。何况中国历史中,其实从来没有类似欧洲启蒙运动这么一回事。中国与西方的思想传统、发展路向本不相同,强行比附,必至削足适履。

## 二、气的层次结构与心、性、神

船山思想体系中的“气”,并非简单地与理或神对立。合而言之,气囊括一切,即是宇宙本身、存在本身;理、神、性等等,只是其不同的面相。分而言之,气指宇宙的构成质料,神指其能动性,理则指其潜能与所以然。在船山看来,气处在不断的聚散变化之中,宇宙万物的生灭,即是气聚散变化的结果。因万物的聚散变化,气便有了清浊之分,形成了层次结构。此一观点,与《易传》以来的传统看法并无二致。船山的创见,则在于以气的层次结构来建立一套心性学说,在宋明儒中别树一帜。

兹以《思问录》的两段话来作一说明:

（一）上天下地曰宇，往古来今曰宙。虽然，莫为之郛郭也。惟有郛郭者，则旁有质而中无实，谓之空洞可矣。宇宙其如是哉？宇宙者，积而成乎久大者也。二气絪缊，知能不舍，故成乎久大。二气絪缊而健顺章，诚也；知能不舍而变合禅，诚之者也。谓之空洞而以虚室触物之影为良知，可乎？（《内篇》）

（二）自霄以上，地气之所不至，三光之所不行，乃天之本色。天之本色，一无色也。无色，无质、无象、无数，是以谓之清也，虚也，一也，大也，为理之所自出而已矣。（《外篇》）

天之本色，是无质、无象、无数的，亦即天是没有任何规定性的。这所谓天，就是苍苍在上、絪缊不息的“清虚一大”之气，亦即“太虚”。因其未凝成形质，故谓之“清”；因其无规定性，故谓之“虚”。通宇宙只是此一气（但有阴、阳二面，故亦称“二气”），万物皆自此出，包函于其中，所以说是“一”与“大”。此清虚一大之气，虽无形质，无规定性，却有其“实”（即是“理”），有其“知能”（即是“神”），决非空洞无物。

船山这两段话，既是对王阳明良知说的批驳，也是对朱子理气论的异议。阳明所谓“良知”，是指心的一种悟境；此一悟境，即是心的本然状态或本体。在船山看来，这样的“良知”，是“虚室触物之影”，空洞而无实。而他自己的立场，则是唯“实”的，亦即谈性理必须落于实处。此“实”非他，即是清虚一大、理所自出的太虚之气；舍此而大谈良知，大谈本心，只能是空花幻影。另一方面，依照朱子的理气论，理与气虽是同时俱有，不离而又不杂，但是推到最后（亦即从逻辑上讲），毕竟是理在先而气在后；而理“则只是个净洁空阔底世界”，“却不会造作”。（《朱子语类》卷一）从船山哲学的观点看，朱子犯了两个错误：一是截然分理、气为二（一个是“净洁空阔”的理世界，另一个是染污的气世界），二是剥夺了理的能动性（视理为“不会造作”，亦即牟宗三先生所谓“只存有而不活动”）。船山则坚持一元之论，即理即气即神，太虚之气所到之处，便是理所在之处；太虚之气既然自有其“健顺”的“知能”，无远勿届，无微不入，理当然也不“只是个净洁空阔底世界”。

再看《思问录内篇》中另外两段：

（一）神化之所不行，非无理也，所谓清虚一大也。[张子]神化之所行，非无虚也，清虚一大者未丧也。清受浊，虚受实，大受小，一受赜。清虚一大者不为之碍，亦理存焉耳。函此以为量，澄此以为安，浊而不滞，实而不塞，小而不烦，赜而不乱，动静各得其宜而量不为诎，则与天地同体矣。（下略）

（二）天气入乎地气之中而无不浃，犹火之暖气入水中也。性，阳之静也；气，阴阳之动也；形，阴之静也。气浃形中，性浃气中，气入形则性亦入形矣。形之撰，气也；形之理，则亦性也。形无非气之碍，形亦无非性之合也。

“清虚一大”即是宋儒所谓太极，万物万理，皆从此而出。

这一太虚之气凝成万物的过程，即是所谓神化。太虚之气由“神化”而凝成万物，即由原来的清、虚、大、一，变成浊、实、小、赜。然而这只是形态和功用的变化，太虚之气固有的“知能”，并未因此而丧失。此即“神化之所行，非无虚也”。在神化未行、万物未凝聚之处，尽管无形可见，绝不是空无一片；清虚一大者仍在，虽无形，却有“理”有“神”。这清虚一大的最纯粹之气，即是“天气”。广宇长宙之内，不论有形质无形质，“天气”无不“浃”于其中。但是形质一旦凝成，这“天气”的运行必受阻碍，其“知能”不能充分表现于形质内，所以说“形无非气之碍”（此处的“气”是指“天气”，不是一般的气）。万物皆有形，故万物于“天气”皆有碍。人不同于万物，有其特殊之处，即人有心。人心的空处容纳着保持原初“清虚一大”状态的“天气”；此即“性”。因此，在船山哲学中，“性”等同于太虚之气，绝非朱子所谓“只是理”。“天气”既“无不浃”，所以“性”亦“无不浃”；万形万物，说到底，都是“天气”凝合而成，所以可说“形亦无非性之合”。

朱子认为，性即理，心则是“气之精爽”“气之灵”。（《朱子语类》卷五）而阳明以为，心的本体即良知，“虚灵不昧，众理具而万事出。心外无理，心外无事”（《传习录》上），无须另设“只是理”的“性”。船山的心性论，与朱、王二家均有异同。船山所谓性，就是位于人心中的太虚之气或“天气”，乃“理之所自出”；因此可以说“性即理”，但是这“性”同时也是气之精爽、气之灵。人心既函有处于纯粹状态的“天气”，当然可以说“虚灵不昧，众理具而万事出”，但是心绝不能等同于性,因为心还包含第二层次的气。

《张子正蒙注》有如下的一段话:

> 气之未聚于太虚,希微而不可见,故清;清则有形有象者皆可入于中,而抑可入于形象之中,不行而至神也。反者(按:《正蒙》原文云"反清为浊"),屈伸聚散相对之谓。气聚于太虚之中则重而浊,物不能入;不能入物,拘碍于一而不相通,形之凝滞然也。其在于人,太虚者,心涵神也;浊而碍者,耳目口体之各成其形也。(卷一)

人之不同于万物者,在于有两重性。一方面,人心中函有"神"(即所谓"天气"),故能上同于太虚之清通;号一方面,人有形质,故亦下同于万物之浊而碍。在这神与形质两端之间,还有第三个因素,即流通于形体之内的一般的气(乃第二层次的气)。此气未凝成形质,能流通于形体之内,多少还表现一些"天气"或神的"知能"。船山在许多场合所说的"气",往往是指此而言。

依据这一神——气——形质的理论,船山对宋儒所谓"气质之性",别有一番解释:

> 所谓"气质之性"者,犹言气质中之性也。质是人之形质,范围著者生理在内;形质之内,则气充之。而盈天地间,人身以内人身以外,无非气者,故亦无非理者。理,行乎气之中,而与气为主持分剂者也。故质以函气,而气以函理。质以函

气，故一人有一人之生；气以函理，一人有一人之性也。若当其未函时，则且是天地之理气，盖未有人者是也。[未有人，非混沌之谓。且如赵甲以甲子生，当癸亥岁未有赵甲，则赵甲一分理气，便属之天。]乃其既有质以居气，而气必有理。自人言之，则一人之生，一人之性；而其为天之流行者，初不以人故间隔，而非复天之有。是气质中之性，依然一本然之性也。（《读四书大全说》卷七）

船山的人性观，在这段话中清楚说出。其中所谓“者（按：即“这”字）生理”，即是“性”，亦即“神”或“天气”。就其为人心的主宰或本质而言，称为性；就其为心中所函清通无碍的太虚之气而言，称为神；就其蕴藏仁、义、礼、智等道德本原而言，亦可称为理。所谓气质之性，就是人形质内所包含着的“天气”或“生理”（亦即神或理），所以性即理，气质之性即天地之性。在这最清醇的“生理”或“天气”之外，尚有流通于形体之内的一般的气。此气稍浊，为太虚之气或“天气”的下一层次，包围在“天气”之外，其本身则为形体所包围。所以说：“质以函气，而气以函理”；“气浃形中，性浃气中”。包含在人心之内的最清之气，本由太虚之气分得，其理其神，宛然而在，因此，“气质中之性，依然一本然之性也”。

船山又以为，人之所以“清浊刚柔不一”，在于“质”的不同；而道德实践的最高境界，正是“变化气质”，使愚者明而柔者强，一切所作所为符合天理。要达成此目标，必须着实用功于气，不能单靠“见性”。理由是：质一旦形成，不能丕变，然而气流动不息，“日生者也”；而且形质本是由气所建立，气既能建立之，自然也能“操其张弛经纬之权”，于是“气移则体亦移矣”。此处所谓气，指的是流通于体内的第二层次的气，船山亦称为“成形以后形中之气”。此气既能影响及于人的形质，即可由之而改变“清浊刚柔不一”的质。（见《读四书大全说》卷七及《张子正蒙注》卷九）船山因此说：“愚于此尽破先儒之说，不贱气以孤性，而使性托于虚；不宠情以配性，而使性失其节。”他以为，恻隐、羞恶、辞让、是非之心（即所谓四端）属于“性”，直接发自太虚的“天气”，“其体微而其力亦微”；喜怒哀乐爱恶欲则是“情”，发自“成形以后形中之气”，其体稍浊，而其力则大。作道德实践工夫，情自须听命于气，而同时性亦须乘情之力。（见《读四书大全说》卷十）亦即道德实践之时，必须心气兼治，用道家语来说，即是性功（见性）与命功（治气）兼修。

## 三、天人相继与相天之道

船山论心性，有一个基本的关切点，即是“天人相继”。（见《张子正蒙注》卷九）上述《读四书大全说》一节中谈到，若某人生于甲子年，则前一年癸亥，此人未生之时，其“一分理气”（兼指太虚之气与第二层次的气）原属于天，絪缊于清霄之上、太虚之中。此人既生，这一分理气便为形体所限，而成其“一人之性”；此人一旦死去，这分理气重又返于天。因此，从天或太虚的角度看，“其为天之流行者，初不以人故间隔，而非复天之有”；亦即人的性与气，本是分天之理气而得，非人之所得而私。船山更以为，人一生的所作所为，绝非“一死而消灭无余”，而是全都融入于其神气之内；这分死后重返于天的神气，因此而有了清浊之分。君子之“所以事天”，便是“全而生之，全而归之”，亦即天授于我这分理气，我当原璧而还，不使染污，甚至使其较初生之时更为清醇。在此意义上，可以说，天地间的“清者”，“于我而扩充”，我已对天地尽了责任。（以上内容，见《张子正蒙注》卷一、《周易外传》卷六）这就是船山心目中的“相天”之道。（语见《庄子解》卷二十三。相者，辅助也。）

《思问录外篇》说：

> 治乱循环，一阴阳动静之几也。今云乱极而治，犹可言也；借曰治极而乱，其可乎？乱若生于治极，则尧、舜、禹之相承，治已极矣，胡弗即报以永嘉、靖康之祸乎？方乱而治人生，治法未亡，乃治。方治而乱人生，治法弛，乃乱。阴阳动静，固莫不然。（下略）[①]

这段话的意思是，天下治乱循环的关键，在于是否有足够的“治人”出世。方乱之时，若有相当的“治人”生于世，而治法又未亡失，则天下终能由乱反治。方治之时，若有相当的“乱

① 岳麓书社新版《船山全书》此段标点，全据中华书局1956年王伯祥校点本。王本标点为：“方乱而治，人生治法未亡。……方治而乱，人生治法弛。”大误。试问，何谓“人生治法”？兹改正。

人”生出，治法又不行于世，则治便转而为乱。问题在于“治人”或“乱人”之生，似乎全凭运气，非人力所得而预。船山的看法却不如此。他坚信，“治人”或“乱人”之生，其权实在人而不在天。

要理解船山这一想法，先须明了他的神气轮回之说。总括而论，船山认为，人的神气或神识直接来自太虚（即天），死后还归太虚，轮回不已。然而天地无心而成化，并无一个造物主或人格神在主持分剂，使一人的神识在轮回中亘古属于一人，不与他人的神识相杂。何况有形质之物才有畛域，人的神识由气组成，“虚明而善动”，如何能划分此疆彼界？即使是有形质之物，亦在不断的变动之中，并无绝对的畛域界限。如一山之云，降而为雨，如何可能只降在此山而不在他山？虚明善动如神气者，当然更不可能在聚散之际永远局限于一人了。船山认为，这一看法，绝不等同于佛家的轮回说。佛说是“画以界限”的个体轮回，而他的神气聚散说则是无彼此畛域的浑融轮回；一为私，一为公，儒释之别显然。（见《周易外传》卷六）

至于人的神气如何聚散往来于天地间，即使是圣人，亦无操控之方。然而人躯体之内神气的或清或浊，却是自己作为的结果。换言之，死后神气在何时何地转生，以什么比例与他人的神气相杂，乃是适然之命，人对此无能为力。但是这往来聚散的神气的内涵，则是人“辛勤岁月之积”。（见《周易外传》卷六）圣人深明此理，便能“贞来而善往”。（见《张子正蒙注》卷一）所谓“贞来而善往”，是指在有生之年，修德不辍，使自己的神气臻于清醇，以有益于天下万世。此即船山心目中的“天人相继之理”。人之所以能“相天”，理据即在此。

《思问录外篇》又说：

> 天地之德不易，而天地之化日新。今日之风雷非昨日之风雷，是以知今日之日月非昨日之日月也。（中略）抑以知今日之官骸非昨日之官骸，视听同喻，触觉同知耳，皆以其德之不易者类聚而化相符也。（中略）已消者，皆鬼也；且息者，皆神也。然则自吾有生以至今日，其为鬼于天壤也多矣。已消者已鬼矣，且息者固神也，则吾今日未有明日之吾而能有明日之吾者，不远矣。以化言之，亦与父母未生以前一而已矣。盈天地之间，絪缊化醇，皆吾本来面目也。（下略）

人的神气来自太虚，又归于太虚；一死一生，与天地絪缊之气交通往来，无有已时。二者之异，说到底，只是时、位的不同而已。所以说：“盈天地之间，絪缊化醇，皆吾本来面目也。”不仅如此，船山更以为，人即使在未死之前，亦能以其神气“相天”。道教典籍《西升经·左道章》云：“老子曰：‘人在道中，道在人中。鱼在水中，水在鱼中。’”刘仁会注曰：“人之神气，天地交通也。方彼游鱼，内外资水。”通宇宙唯是一气，人生其间，犹如鱼在水中；而人身内也是充满着流动之气，一似水之在鱼中。此一人之神气与天地交通的宇宙观，是中国固有的思想传统，为各家所共宗。船山的看法，正与此相似。他以为，太虚的“天气”聚而为人的神识（即性），虽限于形体之内，但能通过流动于体内的第二层次的气，遍布于身体各处。人的神明绝不限于心，“五脏皆为神明之舍，而灵明发焉，不独心也”。所以孟子说：“形色，天性也。”[①]君子之所以独言心，是因为心是这灵明之气的聚合之地。船山于是说：“德无所不凝，气无所不彻，故曰在我。气之所至，德即至焉。”（见《思问录外篇》）

人一生之中，不断地以其神气与太虚絪缊之气交通往来。凡神气之还归于太虚（即“屈而消”）者，即为“鬼”；凡神气之新得自于太虚（即“伸而息”）者，则为“神”。我今日之官骸，表面看来，不异于昨日之官骸。但是那只是指视听触觉，限于这同一形体罢了。究其神气的内容，今日之我绝不等于昨日之我。明日我的神气变清还是变浊，由我今日的修为决定。所以说，“吾今日未有明日之吾而能有明日之吾”。因此，人须取精用弘，不断以天地间的清醇之气变化自己的气质；反过来，人的气质愈臻清醇，就愈能以其纯粹之气反馈于太虚。终人之一生，其神气与太虚絪缊，就是处于这样一种不息的互动之中。数十年间，进德修业，治气养心，孜孜不倦；身死之后，不使浊乱之气流散于天地间。人若能如此，便是天之克肖子。此即船山所谓相天之道。其理论基础，正是人的神气能与天地交通，以及人的所作所为所思不灭，一概融入于神气之内。（就后一点讲，船山其实是颇有取于佛家，尤其是

① 有关五脏皆为神明之舍的思想，其实是自古已然。读者可参看石田秀实《気・流れる身体》。

唯识宗种子现行互藏之说。)

## 四、从明代理学的发展看船山思想

船山思想的一大特点，是主张以一己清醇的神气为功于天地。其理据是，人的神气与天地交通，与天下治乱息息相关。其前提则是，必须变化气质，使自己的神气臻于清醇。治气以养性，于是成了船山心性之学的重心。从明代理学的发展来看，这可说是“内在理路”之所必趋。

七十年前，双流刘咸炘(鉴泉)先生发表《三进》一文，阐述自汉末以来儒学的三变。[①]首先，汉唐儒者大多着重于章句训诂、典章制度，“止于粗迹”。宋儒始知反本，开始作本体的探究。而这是佛、道的胜场，宋儒因此汲取老庄、释氏之说，建立新儒学，理学(广义上的)于是兴起。此乃“一进”。宋儒主流程、朱一系，主张格物穷理，所重在知。然而本体之知乃德性之知，不能单靠观念，必须实有其心上的工夫。以阳明为代表的明儒于是着重心，强调主体，以朱子的格物致知为支离。此乃“二进”。朱门后学只重穷理，流于观念的摸索。王学末流过于强调良知之悟，所自诩的也只是“一时乍得之景象”。二者主张虽不同，对于变化气质之功，均有所不

① 此文收入其《推十书》(书名取《说文解字》“推十合一为士”之义，集其四部著述二百三十一种，凡四百七十五卷)中《内书》卷四。鉴泉博学精思，著述极富，惜享年未及四十，名不出蜀中一隅之地。一九九六年，成都古籍书店影印《推十书》，四川学界誉为盛事，然而只印二千部，外界知之者仍不多。

逮。阳明以后的明儒，在治心之际，深感实悟实得之为难，一瞥之慧的不可恃，必须心气兼治，方能收变化气质之效。他们明白，作为道德实践的动力，知识不如情意，而情理不仅是心理方面的，也是生理方面的；身心相关，心理必须有生理的支持，亦即心之悟必济之以气之养。因此，气的调适为道德实践所不可或缺。道家内丹一派，在这方面有一整套的理论及实践方法，于是内丹炼气之术便成了道德修养的工夫。此乃“三进”。

鉴泉的这一分析，与明代理学的发展正相吻合。明初程朱派理学家胡居仁（敬斋）说：

> 今人言心，便要求见本体，察见寂然不动处，此皆过也。古人只言涵养，言操存，曷尝言求见、察见？若欲求察而见其心之体，则内里自相搅乱，反无主矣。然则古人提撕唤醒，非欤？曰：才提撕唤醒，则心惕然而在，非察见之谓也。（见《明儒学案》卷二《崇仁学案二》）

敬斋显然反对单靠观念求见本体，而着重心上工夫；所谓“内里”须有“主”“心惕然而在”，正是强调道德实践的主体性与动力。

浙中王门季本（彭山）著有《龙惕》一书，云：

> 今之论心者，当以龙而不以镜。龙之为物，以警惕而主变化者也。理自内出，镜之照自外来，无所裁制，一归自然。自

> 然是主宰之无滞，曷尝以此为先哉？（见《明儒学案》卷十三《浙中王门学案三》）

论心“当以龙而不以镜”，是一个绝好的比喻。所谓“镜之照自外来，无所裁制”，正是批评通过观念求见本体，而忽视心的主体性。所谓“以警惕而主变化”，则是强调心的主宰（亦即性）的能动作用。

人称明初理学之冠的曹端（月川），以为“事事都于心上做工夫，是入孔门底大路”。他反对朱子太极只是理、本身不动的说法：

> 朱子谓理之乘气，犹人之乘马，马之一出一入，而人亦与之一出一入。若然，则人为死人，而不足以为万物之灵；理为死理，而不足以为万物之原。今使活人乘马，则其出入行止疾徐，亦由乎人驭之如何耳，活理亦然。（见《明儒学案》卷四十四《诸儒学案上二》）

月川主张“活人”“活理”，所着重的是两点。一是理作为万物本原，必有其创生能力，决非如朱子所谓，“只是个净洁空阔底世界”，否则不足以驭气。二是做工夫的关键是心中之理的主动作用，此一主动性若失去，“则人为死人”，道德实践将无动力。

总之，与宋儒相比，明代理学家的关切点不在本体的分析，而在道德实践的动力与工夫；不论是近于朱还是近于王，都有这一趋向。船山之所以强调理必须在气上说，所以重情，乃至不否定欲，正是沿此趋向而发展的结果。《思问录内篇》说：

> 感而后应者，心得之余也。无所感而应者，性之发也。无所感而兴，若火之始然，泉之始达，然后感而动焉，其动必中，不立私以求感于天下矣。"寂然不动，感而遂通天下之故"，鬼谋也，天化也，非人道也。（下略）

这段话所强调的，是"性"的能动之力。天是无心而成化，所以"寂然"，"感而后动"。人则不然，必须主动，"无所感而兴"，使藏于自己心中的"天气"（即"性"）发挥力量，以辅助天地之化育。船山心性之学所最为注重的，就是性的兴发能力。

船山在《思问录内篇》中又说："'主一之谓敬'，非执一也。'无适之谓一'，非绝物也。肝魂、肺魄、脾意、肾志、心神，不分而各营；心气交辅，帅气充体，尽形神而恭端，以致于所有事。"所谓"心气交辅，帅气充体"，就是身心相关，道德实践之时，心理必须有生理的支持（此处所谓心，指的是人心中所含之神或性；肝、肺、脾、肾等，则是指生理方面）。船山以为，性虽有兴发之力，但其力毕竟不强，见性之后，必须有"余功"以支持"心知"，否则只能是"老氏所谓专气"，不足以言变化气质之功。（见《思问录内篇》）这支持心知的余功，就是情。

《读四书大全说》对此有极明确的说明：

> 不善虽情之罪，而为善则非情不为功。盖道心惟微，须藉此以流行充畅也。[如行仁时，必以喜心助之。](中略)功罪一归之情，则见性后亦须在情上用功。《大学·诚意》章言好恶，正是此理。既存养以尽性，亦必省察以治情，使之为功而免于罪。(卷十)

重情是明代思想一大特点。今人持“启蒙”之说者，便以西洋历史比附，说这代表了所谓市民意识。但是明人之重情，其实并非怀疑儒家的基本价值，而是如刘鉴泉《三进》一文所说，体会到“人之行固本于心；而本于知识者浅而力小，本于情意者深而力大”。船山“为善则非情不为功”一语，道出了其中关捩。

船山甚至更进一步，对欲也有所肯定。他所谓欲，指的是出于感官的强烈的情。情(人心)既能在性(道心)的主导之下“为功而免于罪”，欲为何不能？性须得情之力以“流行充畅”；而欲之力更大于情，为何不能善加利用，使之为功于性？船山在《诗广传》中说：

> 奖情者曰：“以思士思妻之情，举而致之君父，亡忧其不忠孝矣。”君子甚恶其言，非恶其崇情以亢性，恶其迁性以就情也。情之贞淫，同行而异发久矣。(中略)而情乃生欲，故情上受性，下授欲。受有所依，授有所放，上下背行而各亲其生，东西流之势也。(卷一)

若以河水比喻，性是源，情是流，欲则是波澜；源生流，流生波澜。源是否能下行畅达，全赖于流之是否充盈滂沛。而流若失去节制，便会逆上倒灌，横溢四出。此即所谓“东西流之势”。船山之所以重情，是依性以发情，而不是就情而迁性。《思问录内篇》因此说：“‘五性感而善恶分’（周子），故天下之恶无不可善也，天下之恶无不因乎善也。”情源于性（性即太虚之气，为万物所自出），所以说“天下之恶无不因乎善”。情虽可贞可淫，然而只要依乎性，用之得当，皆能为功，所以说“天下之恶无不可善”。

至于如何治情，使之为善而不为恶，则气（第二层次的气）的调适为不可少，明儒因此而有取于道家的内丹术。阳明弟子王畿（龙溪）即曾说道：“调息之术，亦是古人立教权法，从静中收摄精神，心息相依，以渐而入，亦补小学一段工夫。”（《明儒学案》卷十二《浙中王门学案二》）阳明另一弟子朱得之（近斋）甚至以内丹道为作圣之功。（见《明儒学案》卷二十五《南中王门学案一》）船山虽在《思问录外篇》中批评“玄家”成佛成仙之说，以为这一套“以意驭神，以神充魂，以魂袭气，以气环魄”的内丹修炼之术，是“背天而自用”。但是他所反对的，不是内丹术本身，而是为此术者的目的。他在同篇中又说：“孟子言持志，功在精也；言养气，功加魄也。若告子则孤守此心之神尔。”所谓“功加魄”，即指内炼调息之术。在他看来，孟子所说的“养气”，和丹道“以意驭神，以神充魂”的一套并无不同，只是儒家的目的不在长生成仙，而在变化气质。而且变化气质，非此不办，否则“孤守此心之神”，所得者只能是一瞥之慧。

明儒之群趋于内丹调息术，实由其重情而来。刘鉴泉《三进》一文对此分析说：

> 情意又与生理相关；身心相连，心意相使，治心者固不可忽气。朱派之惟恃知，固琐碎而无功；变化气质，非止穷理所能也。王派有功情意；而全不顾气，情意亦难调适。气质既拘于生初，复挠于当时；当其甚也，观念失其力，景象失其味；欲清其源，必有心气兼治之功。追求至此，不得不兼取丹家。故调息之功，自朱晦庵、饶双峰以至王龙溪皆用之。

此一论断，与船山思想的发展历程，可谓若合符节。

船山《楚辞通释》中《远游》一章，对道家内丹之术颇有阐释；《愚鼓词》更是有关丹道工夫之作，非于此有实践经验者不能道。他之有取于丹道者，正在其养气调息之“功”，而不在其成佛升天之“道”。(《后愚鼓乐序》说：“三教沟分，至于言功不言道，则一也。”)《楚辞通释 · 远游》章说：“神和而气应，神乃入气之中，而化气为神矣。盖以后天气接先天气者，初时死汞之功；以先天气化后天气者，浑沦自然之极致。”(“先天气”即太虚之气，“后天气”则指第二层次的气。)达到了这一极致，便能“气化于神，与天合一”。这正是丹家所谓“炼气化神，炼神还虚”。而船山之有别于丹家者，在深信“德无所不凝，气无所不彻”，“气之所至，德即至焉”(《思问录外篇》)：人与天地之气交通往来而不息，经由见性修德加内炼调息的工夫，我便能以一己有“德”之气回馈于天地，垂功于万世。他晚年遁迹穷山，屏绝外事，砥砺躬行，死而后已，所赖以安身立命的，正在于此。

船山之学，浩博无涯涘，兹就《思问录》所涉及者，略陈管见于上，供读者参考。

己卯夏六月属稿于星洲

# 船山思问录

〔清〕王夫之　撰

# 内　篇

“学而时习之，不亦说乎！有朋自远方来，不亦乐乎！人不知而不愠，不亦君子乎！”人性之善征矣。故以言征性善者，知性，乃知善不易以言征也。必及乎此而后得之。诚及乎此，则若火之始然，泉之始达，道义之门启而常存。若乍见孺子入井而怵惕恻隐，乃梏亡之余仅见于情耳。其存不常，其门不启；或用不逮乎体，或体随用而流；乃孟子之权辞，非所以征性善也。

目所不见，非无色也；耳所不闻，非无声也；言所不通，非无义也。故曰“知之为知之，不知为不知”。知有其不知者存，则既知有之矣；是知也。因此而求之者，尽其所见，则不见之色章；尽其所闻，则不闻之声著；尽其所言，则不言之义立。虽知有其不知，而必因此以致之，不迫于其所不知而索之。此圣学、异端之大辨。

目所不见之有色，耳所不闻之有声，言所不及之有义，小体之小也。至于心而无不得矣；思之所不至而有理，未思焉耳。故曰“尽其心者知其性”。心者，天之具体也。

知、仁、勇，人得之厚而用之也至，然禽兽亦与有之矣。禽兽之与有之者，天之道也。“好学近乎知，力行近乎仁，知耻近乎勇”，人之独而禽兽不得与，人之道也。故知斯三者，则所以修身、治人、治天下国家以此矣。近者，天、人之词也；《易》之所谓继也。修身、治人、治天下国家以此，虽圣人恶得而不用此哉！

太虚，一实者也。故曰“诚者天之道也”。用者，皆其体也。故曰“诚之者人之道也”。

无极，无有一极也，无有不极也。有一极，则有不极矣。“无极而太极”也，无有不极，乃谓太极；故君子无所不用其极。行而后知有道；道犹路也。得而后见有德；德犹得也。储天下之用，给天下之得者，举无能名言之。天曰无极，人曰至善，通天人曰诚，合体用曰中；皆赞辞也，知者喻之耳。喻之而后可与知道，可与见德。

天不听物之自然，是故絪缊而化生。乾坤之体立，首出以屯。雷雨之动满盈，然后无为而成。若物动而己随，则归妹矣。归妹，人道之穷也。虽通险阻之故，而必动以济之，然后使物莫不顺帝之则。若明于险阻之必有，而中虚以无心照之，则行不穷而道穷矣。庄生《齐物论》，所凭者照也，火水之所以未济也。未济以明测险，人道之穷也。

太极动而生阳，动之动也；静而生阴，动之静也。废然无动而静，阴恶从生哉！一动一静，阖辟之谓也。由阖而辟，由辟而阖，皆(编者注：皆字原缺)动也。废然之静，则是息矣。“至诚无息”，况天地乎！“维天之命，于穆不已”，何静之有？

时习而(编者注:时习而三字原缺)说,朋来而乐,动也。人不知而不愠,静也,动之静也。凝存植(编者注:凝存植三字原缺)立即其动。嗒然若丧其耦,静也,废然之静也。天地自生,而吾无所不生。动不能生阳,静不能生阴,委其身心如山林之畏佳、大木之穴窍,而心死矣。人莫悲于心死,庄生其自道矣乎!

在天而为象,在物而有数,在人心而为理。古之圣人,于象数而得理也,未闻于理而为之象数也。于理而立之象数,则有天道而无人道。疑邵子。

"乾以易知",惟其健也;"坤以简能",惟其顺也。健则可大,顺则可久;可大则贤人之德,可久则贤人之业。久大者,贤人之以尽其健顺也。易简者,天地之道,非人之能也。

"知至至之",尽人道也;"知终终之",顺俟天也。"九三,上不在天,下不在田",人道之所自立。故夭寿不贰,修身以俟命,所以立人道也。非跃而欲跃,以强合乎天体;非潜而欲潜,以委顺而无能自纪;人道不立矣,异端以之。

诚斯几,诚、几斯神。"诚无为",言无为之有诚也;"几善恶",言当于几而审善恶也。无为而诚不息,几动而善恶必审;立于无穷,应于未著;不疾而速,不行而至矣;神也。用知不如用好学,用仁不如用力行,用勇不如用知耻。故曰"心能检性,性(编者注:性字原误排于神也后)不知自检其心"。

庄周曰:"至人之息以踵。"众人之言动喜怒,一从膺吻而出,故纵耳目之欲而鼓动其血气。引其息于踵,不亦愈乎!虽然,其多废也,浚恒之凶也。五官百骸,心肾顶踵,"雷雨之动满盈,积大明以终始",天下之大用,奚独踵邪?

过去，吾识也；未来，吾虑也；现在，吾思也。天地古今，以此而成；天下之亹亹，以此而生；其际不可紊，其备不可遗；呜呼难矣！故曰“为之难”，曰“先难”。泯三际者，难之须臾而易以终身；小人之侥幸也。

“乾称父”，父，吾乾也；“坤称母”，母，吾坤也。父母者，乾坤之大德，所以继吾善也。“我日斯迈而月斯征，夙兴夜寐，无忝尔所生”，思健顺之难肖也。

不畏心之难操则健，不疑理之难从则顺。

力其心不使循乎熟，引而之于无据之地以得其空微，则必有慧以报之。释氏之言悟，止此矣。核其实功，老氏之所谓专气（编者注：谓专气三字原缺）也。报之慧而无余功，易也。为之难者不然，存于中历至赜（编者注：历至赜三字原缺）而不舍。温故而知新，死而后已；虽有慧，吾得而获诸（编者注：诸字原缺）？

勇者，曾（编者注：勇者曾三字原缺）子之实体也；乐者，颜子之大用也。藏于无所用，体之不实者多矣；见于有所用，用之而不大也久矣。

舜之饭糗茹草，若将终身，及（编者注：及原作乃）为天子，被袗衣，鼓琴，二女果，若固有之。以处生死，视此尔。“终日乾乾，夕惕若”，故无不可用也。先立其大者，以尽人道，则如天之无不覆，地之无不载，近取诸身，饮食居处、富贵贫贱，兼容并包而无疑也。非此而欲忘之，卑者不可期月守，高者且绝人理而刍狗天下，愈入于僻矣。

“立人之道，曰仁与义”，在人之天道也。“由仁义行”，以人道率天道也。“行仁义”，则待天机之动而后行，非能尽夫人之所以异于禽兽者矣。天道不遗于禽兽,而人道则为人之独。由仁义行,大舜存人道;圣学也,自然云乎哉!

阴礼阳乐:礼主乎减,乐主乎盈;阴阳之撰可体验者,莫此为显。故曰“明则有礼乐,幽则有鬼神”。鬼神,阴阳之几也,礼乐之蕴也。幽者,明之藏;明者,幽之显也。知此,则太极动而生阳,静而生阴;阳有条理,阴有秩叙;非有以生之,则条理不成,秩叙亦无自而设矣。静生秩叙,非幽谧阒寂之为静可知。呜呼!静之所生,秩叙之实,森森乎其不可斁,而孰其见之!

天者道,人者器;人之所知也。天者器,人者道;非知德者其孰能知之?“潜虽伏矣,亦孔之昭”;“相在尔室,尚不愧于屋漏”;非视不见、听不闻、体物而不可遗者乎?天下之器,皆以为体而不可遗也;人道之流行,以官天府地裁成万物而不见其迹。故曰“天者器,人者道”。

人欲,鬼神之糟粕也。好学、力行、知耻,则二气之良能也。

甘食悦色,天地之化机也,老子所谓“犹橐籥动而愈出”者也,所谓“天地以万物为刍狗者”也。非天地之以此刍狗万物,万物自效其刍狗尔。有气而后有几,气有变合而攻取生焉;此在气之后也明甚。告子以为性,不亦愚乎!

天之使人甘食悦色,天之仁也。天之仁,非人之仁也。天有以仁人,人亦有以仁天、仁万物。恃天之仁而违其仁,去禽兽不远矣。

有公理,无公欲。私欲净尽,天理流行,则公矣。天下之理得，则可以给天下之欲矣。以其欲而公诸人，未有能公者也。即或能之，所谓违道以干百姓之誉也，无所往而不称愿人也。

风雨露雷之所不至，天之化不行；日月星之所不至，天之神不行。君子之言天，言其神化之所至者尔。倒景之上，非无天也，苍苍者远而无至极，恶庸知之哉！君子思不出其位，至于神化而止矣。

神化之所不行，非无理也，所谓清虚一大也。张子。神化之所行，非无虚也，清虚一大者未丧也。清受浊，虚受实，大受小，一受赜；清虚一大者不为之碍，亦理存焉耳。函此以为量，澄此以为安，浊而不滞，实而不塞，小而不烦，赜而不乱，动静各得其理，而量不为诎，则与天地同体矣。若必舍其神化之迹而欲如倒景以上之天，奚能哉？抑亦非其类矣。神化者，天地之和也。天不引地之升气而与同，神化则否矣。仁智者，貌、言、视、听、思之和也。思不竭貌、言、视、听之材而发生其仁智，则殆矣。故曰"天地不交，否"，"思而不学则殆"。

"五性感而善恶分"，周子。故天下之恶无不可善也，天下之恶无不因乎善也。静而不睹若睹其善，不闻若闻其善；动而审其善之或流，则恒善矣。静而不见有善，动而不审善流于恶之微芒，举而委之无善无恶，善恶皆外而外无所与，介然返静而遽信为不染，身心为二而判然无主；末流之荡为无忌惮之小人而不辞，悲夫！

善恶，人之所知也。自善而恶，几微之介，人之所不知也。斯须移易而已，故曰独。

不学而能，必有良能；不虑而知，必有良知。喜怒哀乐之未发，必有大本；敛精存理，翕气存敬，庶几遇之。堕气黜精以丧我而息肩者，不知有也。

能不以慕少艾妻子仕热中之慕慕其亲乎？能不以羊乌之孝、蜂蚁之忠事其君父乎？而后人道显矣。顺用其自然，未见其异于禽兽也。有仁，故亲亲；有义，故敬长。秩叙森然，经纶不昧，引之而达，推行而恒，返诸心而夔夔齐栗，质诸鬼神而无贰尔心；孟子之所谓良知良能，则如此也。

天地之塞，成吾之体，而吾之体不必全用天地之塞。故资万物以备生人之用，而不以仁民之仁爱物。天地之帅，成吾之性，而吾之性既立，则志壹动气，斟酌饱满，以成乎人道之大用，而不得复如天地之帅以为帅。故喜怒哀乐有权，而生杀不可以无心为用。

天气入乎地气之中而无不浃，犹火之暖气入水中也。性，阳之静也；气，阴阳之动也；形，阴之静也。气浃形中，性浃气中，气入形则性亦入形矣。形之撰，气也；形之理，则亦性也。形无非气之凝；形亦无非性之合也。故人之性虽随习迁，而好恶静躁多如其父母，则精气之与性不相离矣。由此念之：耳目口体发肤，皆为性之所藏；日用而不知者，不能显耳。"鸢飞戾天，鱼跃于渊"；道之察上下，于吾身求之自见矣。

"主一之谓敬"，非执一也；"无适之谓一"，非绝物也。肝魂、肺魄、脾意、肾志、心神，不分而各营。心气交辅，帅气充体，尽形神而恭端，以致于有所事；敬一之实也。

无心而往，安而忘之曰适。主敬者必不使其心有此一几耳。

“静无而动有。”周子。天下皆静无而动有也，奚以圣人为？静无而不昧其有，则明远。动有者，有其静之所涵，感而通，而不缘感以生，则至正；乃以为五常之本、百行之原也。

颜子好学，知者不逮也；伊尹知耻，勇者不逮也。志伊尹之志，学颜子之学，善用其天德矣。

世教衰，民不兴行；“见不贤而内自省”，知耻之功大矣哉！

见不贤而内自省，求己严则为之难。为之难，则达情而无过量之求，亦可以远怨矣。

攻人之恶，则乐察恶。乐察人之恶，则恶之条理熟，厉薰心矣。慎之哉！

“同归而殊涂，一致而百虑”，故“肫肫其仁，渊渊其渊，浩浩其天”，德无不备矣。诚未至者，奚以学之邪？“默而识之，学而不厌，诲人不倦”，所以行殊涂、极百虑而协于一也。“天下何思何虑”，言天下不可得而逆亿也。故曰“无思，本也”，周子。物本然也。义者，心之制，思则得之。故曰“思，通用也”，周子。通吾心之用也。死生者亦外也，无所庸其思虑者也。顺事没宁，内也，思则得之者也。不于外而用其逆亿，则患其思之不至耳，岂禁思哉？

“大匠能与人以规矩，不能使人巧。”巧者，圣功也，博求之事物以会通其得失，以有形（编者注：有形二字原缺）象无形而尽其条理，巧之道也。格物穷理而不期旦暮之效者遇之。

“修辞立其诚。”无诚之辞，何以修之哉！修辞诚，则天下之诚立，未有者从此建矣，已有者从此不易矣。孔子成《春秋》而乱臣贼子惧，诚也。

“艮其背，不获其身；行其庭，不见其人。”无咎之道焉耳。“观盥而不荐”，非荐之时，然而必盥也。“观我生”，君子而后可无咎；“观其生”，君子而后可无咎；不然咎矣。内不见己，外不见人，而后得所止焉，其为天理也孤矣。忧世之将剥而不与尝试，非“与臣言忠，与子言孝”“居处恭，执事敬，与人忠”以为德，则且与之为婴儿，知之益明而益困矣。艮观同道，故君子尤难言之。

“履，德之基也。”集义，素履也。宜兄弟，乐妻子，而一以戒慎不睹、恐惧不闻之德行之，所谓和而至也。九卦以处忧患，而此为基。君子坦荡荡，修此故也。

见道义之重，则处物为轻，故铢视轩冕，尘视金玉。周子。纯乎其体道义者，天下莫匪道义之府，物不轻矣。一介不以与人，一介不以取诸人，非泛然而以铢尘挥斥之也。处贫贱患难而不易其官天地、府万物之心，则道义不息于己而己常重矣。

独知炯于众知，昼气清于夜气，而后可与好仁恶不仁。

知地之在天中，而不知天之在地中，惑也。山川金石，坚确浑沦，而其中之天常流行焉，故浊者不足以为清者病也。以浊者为病，则无往而不窒，无往而不疑，无往而不忧。“安汝止，惟几惟康”；“被袗衣，鼓琴，二女果，若固有之”；“箪食瓢饮，不改其乐”；无所窒也，奚忧疑之有哉？

言幽明而不言有无，张子。至矣。谓有生于无，无生于有，皆戏论。不得谓幽生于明，明生于幽也。论至则戏论绝。幽明者，阖辟之影也。故曰“是故知幽明之故”;“原始反终,故知死生之说”。

“天尊地卑,乾坤定矣。卑高以陈,贵贱位矣。动静有常,刚柔断矣。”此分而为二,倍而为四,参而为六,剖而为八,参乘四而为十二,五乘六而为三十,十二三十相乘而为三百六十;皆加一倍之定体也。邵子。知其说者,知天地之自然而已。若夫“鼓之以雷霆”,《震》。“润之以风雨”,《巽》。“日月运行,一寒一暑”,《坎》《离》。“乾道成男”,《艮》。“坤道成女”《兑》。交相摩荡而可大可久之业著焉,则未可以破作四片、破作八片之例例矣。以例例神化,因其自然而丧其匕鬯,天下之理奚以得,而人恶足以成位于中乎?

吉凶、得失、生死,知为天地之常然而无足用其忧疑,亦可以释然矣。释然之余,何以继之?继之以恶而为余食赘行,继之以善而亦为余食赘行,忧疑自此积矣。知者不惑,仁者不忧,惟其不于吉凶生死而谋道矣。

言无者激于言有者而破除之也,就言有者之所谓有而谓无其有也。天下果何者而可谓之无哉?言龟无毛,言犬也,非言龟也;言兔无角,言麋也,非言兔也。言者必有所立,而后其说成。今使言者立一无于前,博求之上下四维、古今存亡而不可得穷矣。

寻求而不得,则将应之曰“无”。姚江之徒以之。天下之寻求而不得者众矣,宜其乐从之也。

不略于明,不昧于幽,善学思者也。

画前有《易》,无非《易》也。无非《易》而舍画以求之于画前，不已愚乎！画前有《易》，故画生焉。画者，画其画前之《易》也。

两端者，虚实也，动静也，聚散也，清浊也；其究一也。张子。实不窒虚，知虚之皆实；静者静动，非不动也；聚于此者散于彼，散于此者聚于彼；浊入清而体清，清入浊而妙浊；而后知其一也，非合两而以一为之纽也。

节者，中之显者也。喜怒哀乐之未发而未有节者存，则发而中者谁之节乎？岂天下之有节乎？是从其白于外之说矣。故周子曰“中也者，和也”；张子曰“大和所谓道”；卓矣。虽喜怒哀乐之未发，而参前倚衡，莫非节也。充气以从志，凝志以居德，庶几遇之。阒寂空窅者，失之远矣。迫发而始慎之，必有不审不及之忧。

“无不敬”，慎其动也；“俨若思”，静而存也；“安定辞”，立诚于天下也；“俨若思”，于是而有思，则节无不中矣；仁之熟也。

“视思明，听思聪，色思温，貌思恭”；奚以思之哉？“俨若思”之谓也。旁行而不流，安止而几，其功密矣夫。

恃一端之意知，以天下尝试之，强通其所不通，则私；故圣人毋意。即天下而尽其意知，以确然于一，则公；故君子诚意。诚意者，实其意也，实体之之谓也。

意虚则受邪，忽然与物感通，物投于未始有之中，斯受之矣。诚其意者，意实则邪无所容也。意受诚于心知，意皆心知之素，而无孤行之意，故曰无意。慎独者，君子加谨之功，善后以保其诚尔。后之学者，于心知无功，以无善无恶为心知，不加正致之功。始专恃慎独为至要，遏之而不胜遏，危矣。即遏之已密，但还其虚，虚又受邪之躛，前者扑而后者熹矣。泰州之徒，无能期月守者，不亦宜乎！

“欲修其身者，先正其心”，圣学提纲之要也。“勿求于心”，告子迷惑之本也。不求之心，但求之意，后世学者之通病。盖释氏之说暗中之，以七识为生死妄本。七识者，心也。此本一废，则无君无父，皆所不忌。呜呼！舍心不讲，以诚意而为玉钥匙，危矣哉！

求放心，则全体立而大用行。若求放意，则迫束危殆，及其至也，逃于虚寂而已。

“默而成之，存乎德行”；故德不孤，必有邻。灼然有其几，而不可以臆测。无他，理气相涵，理入气则气从理也。理气者，皆公也，未尝有封畛也。知此，则亦知生死之说，存事没宁之道也。

“吉凶悔吝生于动。”畏凶悔吝而始戒心于动，求其坦荡荡也，能乎哉？

“神之格思，不可度思。”待平旦之气而后好恶与人相近，危矣！危矣！不幸而仅有此，可不惧哉？

死生，昼夜也。“梏之反复，则夜气不足以存”；故君子曰终，终则有始，天行也。小人曰死。

“浩然之气，直养而无害，则塞乎天地之间。”塞乎天地之间，则无可为气矜矣。“闲来无事不从容”，无可为气矜者也。

“尽性以至于命。”至于命，而后知性之善也。天下之疑，皆允乎人心者也；天下之变，皆顺乎物则者也。何善如之哉！测性于一区，拟性于一时；所言者皆非性也，恶知善？

命曰降，性曰受。性者，生之理，未死以前皆生也，皆降命受性之日也。初生而受性之量，日生而受性之真。为胎元之说者，其人如陶器乎！

“成性存存”，存之又存，相仍不舍。故曰“维天之命，于穆不已”。命不已，性不息矣。谓生初之仅有者，方术家所谓胎元而已。

感而后应者，心得之余也。无所感而应者，性之发也。无所感而兴，若火之始然，泉之始达，然后感而动焉，其动必中，不立私以求感于天下矣。“寂然不动，感而遂通天下之故”，鬼谋也，天化也，非人道也。诚不必豫，待感而通，惟天则然。下此者草木禽虫与有之，蓍龟之灵是也。

大匠之巧，莫有见其巧者也。无感之兴，莫有见其兴者也。“明发不寐，有怀二人”，寻过去也。“视于无形，听于无声”，豫未来也。舍其过去未来之心，则有亲而不能事，况天下之亹亹者乎？

孩提之童之爱其亲，亲死而他人字之，则爱他人矣。孟子言不学不虑之中，尚有此存，则学虑之充其知能者可知。断章取此以为真，而他皆妄，洵夏虫之于冰也。

质以忠信为美，德以好学为极。绝学而游心于虚，吾不知之矣。导天下以弃其忠信，陆子静倡之也。

“天下何思何虑”，则天下之有无，非思虑之所能起灭，明矣。妄者犹惑焉。

“有不善未尝不知”，豫也；“知而未尝复行”，豫也。诚积于中，故合符而爽者觉。诚之者裕于用，故安驱而之善也轻。

闻善则迁，见过则改，损道也；而非益不能。无十朋之龟为之宝鉴，则奚所迁，而又恶得改之道哉？惘于道，则惮于改矣。

水之为沤为冰，激之而成，变之失其正也。沤冰之还为水，和而释也。人之生也，孰为固有之质？激于气化之变而成形！其死也，岂遇其和而得释乎？君子之知生者，知良能之妙也；知死，知人道之化也。奚沤冰之足云？张子亦有沤冰之喻，朱子谓其近释氏。

至于不可谓之为“无”，而后果无矣。既可曰“无”矣，则是有而无之也。因耳目不可得而见闻，遂躁言之曰“无”，从其小体而蔽也。善恶可得而见闻也，善恶之所自生，不可得而见闻也。是以躁言之曰“无善无恶”也。

“我战则克”，慎也；“祭则受福”，慎也。福者，礼成而敏，知神享之，君子以为福莫大焉。慎于物，慎于仪，慎于心，志壹气合，雍雍肃肃，不言而靡争，则礼成而敏，神斯享焉。疾风雷雨不作，灾眚不生，气志之感盛，孝子之养成矣。君子之所谓福也。若《春秋》所记仲遂叔弓之卒，皆人变也。

事人，诚而已矣。正己而无求于人，诚也。诚斯上交不谄，下交不渎，故子路问事鬼神，而夫子以事人告之。尽其敬爱，不妄冀求，必无非鬼而祭之谄，再三不告之渎。无他，不以利害交鬼神而已。

道莫盛于趋时。富贵贫贱、夷狄患难，极于俄顷之动静云为，以与物接，莫不有自尽之道。时驰于前，不知乘以有功；

逮其失，而后继之以悔；及其悔，而当前之时又失矣。故悔者，终身于悔之道也。动悔有悔，终身于葛藟。往而即新，以尽其乾惕，然后得吉焉。故曰“吉行”，吉在行也。

“君子之过，如日月之食”，更新而趋时尔。以向者之过为悔，于是而有迁就补缀之术，将终身而仅给一过也。

人役而耻为役。如耻之，莫如为仁。若子路，人告之以有过则喜，善用其耻矣。夫唯不以悔累其心也。

于不可耻而耻，则移其良耻以从乎流俗，而耻荡然矣。故曰：知耻者，知所耻也。

“一以贯之”，圣人久大之成也。“曲能有诚”，圣功专直之通也。未能即一，且求诸贯；贯则一矣。贯者，非可以思虑材力强推而通之也。寻绎其所已知，敦笃其所已能，以熟其仁。仁之熟，则仁之全体现；仁之全体既现，则一也。

“群龙无首”，故一积众精以自强，无有遗也。有首焉，则首一矣，其余不一也。然后以一贯之，不然者而强谓之然，不应者而妄亿其应。佛、老以之，皆以一贯之之术也。

主静，以言乎其时也；主敬，以言乎其气象也；主一，以言乎其量也。摄耳目之官以听于心；盈气以充志，旁行于理之所昭著而不流；雷雨之动满盈，而不先时以发；三者之同功也。

天地之生，人为贵；惟得五行敦厚之化，故无速见之慧。物之始生也，形之发知皆疾于人，而其终也钝。人则具体而储其用，形之发知，视物而不疾也多矣，而其既也敏。孩提始知笑，旋知爱亲；长始知言，旋知敬兄；命日新而性富有也。君子善养之,则耄期而受命。

程子谓“鸡雏可以观仁”,观天地化机之仁也。君子以之充仁之用而已。

佛、老之初,皆立体而废用。用既废,则体亦无实。故其既也,体不立而一因乎用。庄生所谓“寓诸庸”,释氏所谓“行起解灭”是也。君子不废用以立体,则致曲有诚;诚立而用自行;逮其用也,左右逢原而皆其真体。故知先行后之说,非所敢信也。《说命》曰:“非知之艰,惟行之难。”次第井然矣。

百物不废,故惧以终始。于物有废,偷安而小息,亦为之欣然;学者之大害也。人欲暂净,天理未还,介然而若脱于桎梏;其几可乘,而息肩之心起矣,危矣哉!惧以终始,故愤;百物不废,故乐。愤乐互行,阴阳之才各尽,则和;和而后与道合体。

极深而研几,有为己为人之辨焉。深者,不闻不见之实也;几者,隐微之独也。极之而无间,研之而审,则道尽于己而忠信立。忠信立,则志通而务成;为己之效也。求天下之深而极之,迎天下之几而研之,敝敝以为人而丧己;逮其下流,欲无为权谋术数之渊薮,不可得也。

言无我者,亦于我而言无我尔。如非有我,更孰从而无我乎?于我而言无我,其为淫遁之辞可知。大抵非能无我,特欲释性流情,恣轻安以出入尔。否则惰归之气,老未至而耄及之者也。公者,命也,理也,成之性也。我者,大公之理所凝也。吾为之子,故事父。父子且然,况其他乎!故曰:“万物皆备于我。”有我之非私，审矣。迭为宾主，亦飨舜；尧之无我也。《春秋》书归郓、讙、龟阴之田，自序其绩；孔子之无我也。无我者，为功名势位而言也，圣人处物之大用也。于居德之体而言无我，则义不立而道迷。

有性之理，有性之德。性之理者，吾性之理即天地万物之理；论其所自受，因天因物，而仁义礼知，浑然大公，不容以我私之也。性之德者，吾既得之于天而人道立，斯以统天而首出万物；论其所既受，既在我矣，惟当体之知能为不妄，而知仁勇之性情功效效乎志以为撰。必实有我以受天地万物之归；无我，则无所凝矣。言无我者，酌于此而后不徇辞以贼道。

“鱼在于渚，或潜于渊”，逐物者不能得也。故君子为己而天下之理得矣。

耳目口体互相增长以为好恶，则淫矣。淫于众人之淫习，舍己而化之，则溺矣。耳目口体各止其所，节自具焉，不随习以迁；欲其所欲，为其所为，有过则知，而节可见矣。“艮其背，不获其身”；背非身也，不于身获之。“行其庭，不见其人”；身非人也，不于人见之。能止其所，遏恶之要也。循而持之，安而中节，耳顺、从欲不逾矩，自此驯致。

己十九而非己也。天下善人恒少，不善人恒多；诐而淫，邪而遁，私欲私意，不出于颎而迭为日新。喜其新而惊为非常之美，惊喜移情而遂据为己之畛域；故曰“习与性成”。苟能求其好恶之实而不为物迁，虽不即复于礼，不远矣；故曰“为仁由己”。

佛、老之言，能动刍荛而警之。然刍荛可询，而佛、老不可询，何也？“人之患，在好为人师”；但好为师，则无父无君，皆可不恤。刍荛无为师之心也。以刍荛视佛、老而夺其为师之说，可也；片辞有采于其为师之说，隐恶而扬善，不可也。隐恶扬善，则但得其为师之邪，而不知用其刍荛也。

不出于颎，一间而已矣。舜与蹠之分，利与善之间也。尽用其视听心思于利害，则颎；超于利害，则如日月之明离于重云之中，光明赫然，不可涯量。

因得失而有利害；利害生而得失隐，昏也。不昧于利害之始，则动微而吉先见，奚利害之足忧？驰驱于生死之涂，孰为羿之彀中乎？

待物感之不交而后欲不妄，待闻见之不杂而后意不私；难矣哉！故为二氏之学者，未有能守之终身者也。推而极之于其意之萌，未有能守之期月者也。

以天下而试吾说，玩人丧德之大者也。尽其才以应天下，发己自尽，循物无违，奚技俩之可试哉？

为因物无心之教者，亦以天下而试吾无心之技俩者也。无所不用其极之谓密。密者，圣人之藏，异端窃之以为诡秘。

气者，理之依也；气盛则理达。天积其健盛之气，故秩叙条理，精密变化而日新。故天子之齐，日膳大牢，以充气而达诚也。天地之产，皆精微茂美之气所成；人取精以养生，莫非天也。气之所自盛，诚之所自凝，理之所自给；推其所自来，皆天地精微茂美之化。其酝酿变化，初不丧其至善之用。释氏斥之为鼓粥饭气，道家斥之为后天之阴；悍而愚矣。

“先天而天弗违”，人道之功大矣哉！邵子乃反谓之后天。

知见之所自生，非固有；非固有而自生者，日新之命也。原知见之自生，资于见闻；见闻之所得，因于天地之所昭著，与人心之所先得。人心之所先得，自圣人以至于夫妇，皆气化之良能也。能合古今人物为一体者，知见之所得，皆天理之来复，而非外至矣。故知见不可不立也，立其诚也。介然恃其初闻初见之知为良能，以知见为客感，所谓不出于颍者也，悲夫！

尧、舜、禹、汤、文、武、周、孔，相师而道不同；无忌惮之小人，不相师而所行若合符节。道理一而分殊。不学不虑，因意欲而行，则下流同归也。谓东海西海此心此理之同者，吾知其所同矣。

上天下地曰宇，往古来今曰宙。虽然，莫为之郛郭也。惟有郛郭者，则旁有质而中无实，谓之空洞可矣。宇宙其如是哉？宇宙者，积而成乎久大者也。二气絪缊，知能不舍，故成乎久大。二气絪缊而健顺章，诚也；知能不舍而变合禅，诚之者也。谓之空洞而以虚室触物之影为良知，可乎？

不玩空而丧志，不玩物而骄德，信天地之生而敬之；言性道而能然者，鲜矣。

病则喜寂，哀则喜愍。喜者，阳之舒；寂、愍者，阴之惨。阴胜而夺其阳，故所喜随之而移于阴；非病与哀，则小人而已矣。“帝出乎震”；“震来虩虩，笑言哑哑”；乐在其中矣。故曰“吾未见刚者”。喜流于阴柔，而以呴沫为仁，以空阒为静者，皆女子小人之道也。

“形而下者谓之器”，器则老子所谓“当其无，有车器之用”也。君子之所贵者道也，以诚体物也，车器云乎哉！

无心而待用者，器而已矣。镜与衡，皆器也。“君子不器”，而谓圣人之心如镜空衡平，可乎？镜能显妍媸而不能藏往，衡能测轻重而随物以轻重；本无故也。明其如日乎，继明以照于四方也；平其如水乎，维心亨行险而不失其信也。继，恒也；信，恒也。有恒者，圣功之藏也。

“道远人则不仁”，张子。夫孰能远人以为道哉？杨、墨、佛、老，皆言人也；诞而之于言天，亦言人也，特不仁而已矣。人者，生也；生者，有也；有者，诚也。礼明而乐备，教修而性显，彻乎费隐而无不贯洽之谓仁。窃其未有之几，舍会通之典礼，以邀变合往来之几；斯之谓远人已耳！

“谦亨，君子有终。”君子望道未见，而爱人不忍伤之，故能有终。小人欲取固与，柔逊卑屈以行其钩致之术，则始于谦恒者，终于行师；谦不终矣。谦者，仁之不容已，而或流于忍，故戒之。

先难则愤，后获则乐；“地道无成”，顺之至也。获与否，无所不顺，其乐不改，则老将至而不衰。今之学者，姚江之徒。速期一悟之获；幸而获其所获，遂恣以佚乐。佚乐之流，报以𩪘𩪙惰归之戚；老未至而耄及之，其能免乎？

诚则形，形乃著明；有成形于中，规模条理未有而有，然后可著见而明示于天下。故虽视不可见，听不可闻，而为物之体历然矣。当其形也，或谓之言语道断，犹之可也；谓之心行路绝，可乎？心行路绝则无形；无形者，不诚者也。不诚，非妄而何？

“名之必可言”，言或有不可名者矣；“言之必可行”，行或有不容言者矣。能言乎名之所不得限，则修辞之诚尽矣；能行乎言之所不能至，则藏密之用备矣。至于行而无所不逮；行所不逮者，天也，非人之事也。天之事，行不逮而心喻之；心止矣。故尽心则知天。放其心于心行路绝者，舍心而下从乎意以迁流者也。志、神、气交竭其才，笃实以发光辉，谓之尽心。

“不识”，无迹之可循，不能为之名也；“不知”，不豫测其变也。知能日新，则前未有名者，礼缘义起；俟命不贰，则变不可知者，冥升不息。以斯而“顺帝之则”，乃无不顺也。识所不逮，义自喻焉，况其识乎；知所不豫，行且通焉，况其知乎。此“文王之德之纯”也，非谓绌识泯知而后帝则可顺也。

诚于为，则天下之亹亹者，皆能生吾之心。物，无非天象也；变，无非天化也。凶吉得失，亨利悔吝，无非天教也。或导之以顺，或成之以逆，无不受天之诏。故曰：“帝谓文王，无然畔援，无然歆羡。”诚于为而已矣。

天继，故善；圣人缉，故熙。人能有恒，则曲能有诚而形著明矣。

能一能十，非才之美者也；能百能千，而不厌不倦，其才不可及已。得天之健，故不倦；得地之顺，故不厌。好学、力行、知耻，皆秉此以为德。其有恒者，生知安行者也。

吉凶成败皆有自然之数，而非可以人力安排。澹于利欲者，廓其心于俯仰倚伏之间而几矣。乃见仅及此，而以亿天理之皆然，遂以谓莫匪自然，而学问、思辨、笃行皆为增益，而与天理不相应；是以利之心而测义也，陋矣。故人心不可以测天道，道心乃能知人道。言自然者，虽极观物知化之能，亦尽人心之用而已。尽其心者，尽道心也。

禹之治水，行其所无事；循乎地中，相其所归，即以泛滥之水为我用，以效浚涤之功。若欲别凿一空洞之壑以置水，而冀中国之长无水患，则势必不能，徒妄而已，所谓凿也。言性者舍固有之节文条理，凿一无善无恶之区，以为此心之归，讵不谓之凿乎？凿者必不能成；迨其狂决畏发，舍善而趋恶如崩，自然之势也。

心浮乘于耳目而遗其本居，则从小体；心不舍其居而施光辉于耳目，则从大体。虽从大体，不遗小体，非犹从小体者之遗大体也。

天不言，物不言，其相授受，以法象相示而已。形声者，物之法象也。圣人体天以为化，故欲无言。言者，人之大用也，绍天有力而异乎物者也。子贡求尽人道，故曰："子如不言，则小子何述焉？"竖指摇拂、目击道存者，吾不知之矣。

子孙，体之传也；言行之迹，气之传也；心之陟降，理之传也。三者各有以传之，无戕贼污蚀之，全而归之者也。

但为魂，则必变矣。魂日游而日有所变，乃欲拘其魂而使勿变，魏伯阳、张平叔之鄙也，其可得乎？魂之游变，非特死也。死者，游之终尔。故鬼神之事，吾之与之也多矣。灾祥险易，善恶通否，日生于天地之间者，我恒与之矣，唯居大位、志至道者为尤盛焉。

"惠迪吉，从逆凶"之不差，居天下之广居者，如视诸掌，欲速见小者不能知尔。

习气熹然充满于人间，皆吾思齐自省之大用，用大，则体非妄可知。勿以厌恶之心当之，则心洗而藏密矣。"三人行，必有我师"，非圣人灼知天地充塞无间之理，不云尔也。

无妄，灾也。灾而无妄，孰为妄哉？故孟子言好色好货，于王何有。眚且不妄，而况灾乎？"诚者，天之道也"，无变而不正也，存乎诚之者尔。

"形色，天性也"，故身体发肤，不敢毁伤，毁则灭性以戕天矣。知之始有端，志之始有定，行之始有立。其植不厚，而以速成期之，则必为似忠似信似廉洁者所摇。仁依姑息，义依曲谨，礼依便僻，知依纤察。天性之善，皆能培栽而覆倾；如物之始蒙，勿但忧其稚弱，正恐欲速成而依非其类，则和风甘雨亦能为之伤，故曰"蒙以养正"。养之正者，学以聚之，问以辨之，宽以居之，仁以行之，则能不依流俗之毁誉，异端之神变，以期速获而丧其先难，故曰"利御寇"。

"默而成之"，乐也；"不言而信"，礼也。乐存乎德，礼存乎行；而乐以养德，礼以敦行，礼乐德行，相为终始。故君子之于礼乐，不以斯须去身。然则无体之则而言尚行，无乐之意而言养德者，其为异端可知已。

知崇法天，天道必下济而光明。礼卑法地，或从王事，则知光大，与天絜矣。天一而人之言之者三：有自其与地相絪缊化成而言者，有自清晶以施光明于地而言者，有以空洞无质、与地殊绝而言者。与地殊绝而空洞无质，讵可以知法乎？

法其与地絪缊成化者以为知，其不离乎礼固已。即其清晶以施光明于地者，亦必得地而光明始凝以显；不然，如置灯烛于辽廓之所，不特远无所丽，即咫尺之内，亦以散而昏。彼无所丽而言良知者，吾见其咫尺之内散而昏也。

知者，知礼者也。礼者，履其知也。履其知而礼皆中节，知礼则精义入神，日进于高明而不穷。故天地交而泰，天地不交而否。是以为良知之说者，物我相拒，初终相反，心行相戾；否道也。

“苟志于仁矣，无恶也。”物之感，己之欲，各归其所，则皆见其顺而不逾矩，奚恶之有？灼然见其无恶，则推之好勇、好货、好色而皆可善，无有所谓恶也。疑恶之所自生以疑性者，从恶而测之尔。志于仁而无恶，安有恶之所从生而别为一本哉！

言性之善，言其无恶也。既无有恶，则粹然一善而已矣。

有善者，性之体也；无恶者，性之用也。

从善而视之，见性之无恶，则充实而不杂者显矣。从无恶而视之，则将见性之无善，而充实之体堕矣。故必志于仁，而后无恶；诚无恶也，皆善也。

苟志于仁，则无恶；苟志于不仁，则无善；此言性者之疑也。乃志于仁者，反诸己而从其源也；志于不仁者，逐于物而从其流也。体验乃实知之。夫性之己而非物、源而非流也明矣，奚得谓性之无善哉！

气质之偏，则善隐而不易发、微而不克昌者有之矣，未有杂恶于其中者也。何也？天下固无恶也，志于仁则知之。

五行无相克之理；言克者，术家之肤见也。五行之神，不相悖害，木神仁，火神礼，土神信，金神义，水神知。充塞乎天地之间，人心其尤著者也。故太虚无虚，人心无无。

得五行之和气，则能备美而力差弱；得五行之专气，则不能备美而力较健。伯夷、伊尹、柳下惠，不能备美而亦圣。五行各太极，虽专而犹相为备，故致曲而能有诚。气质之偏，奚足以为性病哉！

"乘六龙以御天"，位易而龙不易也，乘之者不易也。"博学而详说之以反约"，则潜见跃飞，皆取诸源而给之，奚随时而无适守乎？此之不审，于是无本之学，托于乘时观化，以逃刑而邀利。其说中于人心，而末流不可问也。

天德不可为首，无非首也；故"博学而详说之，以反说约"。"学以聚之，问以辨之，宽以居之，仁以行之"；不执一以贯万，乃可行乎变化，而龙德全也。

统此一物，形而上则谓之道，形而下则谓之器，无非一阴一阳之和而成。尽器，则道在其中矣。

圣人之所不知不能者，器也；夫妇之所与知与能者，道也。故尽器难矣；尽器，则道无不贯。尽道所以审器；知至于尽器，能至于践形，德盛矣哉！

"一阴一阳之谓道"，不可云二也。自其合则一；自其分则多寡随乎时位，繁赜细密而不可破，亹亹而不穷，天下之数不足以纪之，参差裒益，莫知其畛。乃见一阴一阳之云，遂判然分而为二，随而倍之，瓜分缕析，谓皆有成数之不易，将无执与！

“继之者，善也”；善则随多寡损益以皆适矣。“成之者，性也”；性则浑然一体，而无形埒之分矣。

以数言理，但不于吉凶成败死生言之，则得。以数言吉凶、成败、死生，喻义乎？喻利乎？吾不知之也。

“成章而后达”；成章者，不杂也，不黯也。“言顾行，行顾言”，则不杂；“较然易知而易从”，则不黯。异端者，始末倏忽，自救其弊以无恒，人莫能执其首尾；行所不可逮，而姑为之言说，终身而不得成其章，奚望达乎？

德成而骄，非其德矣；道广而同，非其道矣。“泰而不骄，和而不同”，君子之守也。“惟精惟一，允执其中”，至矣；而申之以“无稽之言勿听，弗询之谋勿庸”。酌行四代之礼乐，盛矣；而申之以“放郑声，远佞人”。圣人洗心退藏而与民同患；邪说佞人，移易心志，凡民之公患也，圣人不敢不以为患。若庞然自大，谓道无不容，三教百家，可合而为一冶，亦无忌惮矣哉！

谓井田、封建、肉刑之不可行者，不知道也；谓其必可行者，不知德也。勇于德则道凝，勇于道则道为天下病矣。德之不勇，褊宽博且将惴焉，况天下之大乎？

“所欲与聚，所恶勿施”；然匹夫匹妇，欲速见小，习气之所流，类于公好公恶而非其实，正于君子而裁成之。非王者起，必世而仁，习气所扇，天下贸贸然胥欲而胥恶之，如暴潦之横集，不待其归壑而与俱泛滥；迷复之凶，其可长乎？是故有公理，无公欲；公欲者，习气之妄也。不择于此，则胡广、谯周、冯道，亦顺一时之人情，将有谓其因时顺民如李贽者矣；

酷矣哉！

性者，善之藏；才者，善之用。用皆因体而得，而用不足以尽体（编者注：体字原缺）；故（编者注：故下原衍穷字）才有或穷，而诚无不察。于才之穷，不废其诚，则性尽矣。“多闻阙疑，多见阙殆”；“有马者，借人乘之”；借犹（编者注：犹字原缺）请也，谓有马而自不能御，则请善御者为调习，不强所不能以侥幸，玩“之”字可见。皆不诎诚以就才也。充其类，则知尽性者之不穷于诚矣。

“不屑之教诲，是亦教诲之”；教诲之道有在。不屑者，默而成之，卷而怀之，以保天地之正，使人心尚知有其不知而不逮，亦扶世教之一道也。释氏不择知愚、贤不肖，而皆指使之见性，故道贱；而托之者之恶，不可纪极；而况姚枢、许衡之自为枉辱哉！

“居处恭，执事敬，与人忠，虽之夷狄，不可弃”，自尽之道也。“不可与言而不言”，卫道之正也。“不可与言而与之言”，必且曲道以徇之，何以回天而俟后乎！

# 外　篇

绘太极图，无已而绘一圆圈尔，非有匡郭也。如绘珠之与绘环无以异，实则珠环悬殊矣。珠无中边之别，太极虽虚而理气充凝，亦无内外虚实之异。从来说者，竟作一圆圈，围二殊五行于中；悖矣。此理气遇方则方，遇圆则圆，或大或小，絪缊变化，初无定质；无已而以圆写之者，取其不滞而已。王充谓从远观火，但见其圆；亦此理也。

太极第二图，东有《坎》，西有《离》，颇与玄家毕月乌、房日兔、龙吞虎髓、虎吸龙精之说相类，所谓“互藏其宅”也。世传周子得之于陈图南，愚意陈所传者此一图，而上下四图，则周子以其心得者益之，非陈所及也。

立之于前而视其面，在吾之左者，彼之右也；彼自有定方，与吾相反。太极图位阴静于吾之右，彼之左也；阳动于吾之左，彼之右也。初不得其解，以实求之，图有五重，从上而下。今以此图首北趾南，顺而悬之，从下窥之，则阳东阴西，其位不易矣。

“动极而静，静极复动”；所谓“动极”“静极”者，言动静乎此太极也。如以极至言之，则两间之化，人事之几，往来吉凶，生杀善败，固有极其至而后反者，而岂皆极其至而后反哉？《周易》六十四卦，三十六体，或错或综，疾相往复，方动即静，方静旋动，静即含动，动不舍静；善体天地之化者，未有不如此者也。待动之极而后静，待静之极而后动，其极也唯恐不甚，其反也厚集而怒报之；则天地之情，前之不恤其过，后之褊迫以取偿，两间日构而未有宁矣。此殆夫以细人之衷测道者与！

治乱循环，一阴阳动静之几也。今云乱极而治，犹可言也；借曰治极而乱，其可乎？乱若生于治极，则尧、舜、禹之相承，治已极矣，胡弗即报以永嘉、靖康之祸乎？方乱而治人生，治法未亡，乃治；方治而乱人生，治法弛，乃乱。阴阳动静，固莫不然。阳含静德，故方动而静；阴储动能，故方静而动。故曰“动静无端”。待其极至而后大反，则有端矣。

邵子“雷从何方起”之问，窃疑非邵子之言也。雷从于百里内外耳。假令此土闻雷从震方起，更在其东者，即闻从兑方起矣。有一定之方可测哉？

筮以归奇志奇偶，简便法尔。《易》曰“归奇于扐以象闰”；历之有闰，通法而非成法，归奇亦通法也。归奇之有十三、十七、二十一、二十五，胥于法象蔑当也，必过揲乎！过揲之三十六，九也；三十二，八也；二十八，七也；二十四，六也。七、八、九、六，上生下生，四象备矣。舍此而以归奇纪数，吾不知也。老阴之归奇二十五，为数最多；老阳之归奇十三，为数最少。岂阴乐施而有余，阳吝与而不足乎？至以四为奇，九为偶，尤非待审求而后知其不然也。

纯乾，老阳之象也；六位各⚊，以天道参之，以地道两之，每画之数六，六其六，三十六也。纯坤，老阴之象也；六位各⚋，以阳爻拟之，三分而中缺其一，左右各得二为四，六其四，二十四也。阳之⚊为一，为三，阴⚋二阳，更加中⚊为三。为六；阴之⚋为三之二，为六之四。阳实有余，阴虚不足；象数皆然。故纪筮之奇偶，必以过揲为正。

黄钟之律九九八十一，自古传之，未有易也。闽中李文利者，窃《吕览》不经之说，为三寸九分之言，而近人亟称之，惑矣。夫所谓吹律者，非取律箫而吹之也；以律为长短、厚薄、大小之则，准以作箫管笙竽而吹之也。且非徒吹之也，金、石、土、革、木搏拊戛击之音，形模之厚薄长短、轻重大小，丝之多寡，一准乎律；言吹者，统词耳。文利之愚，以谓箫长则声清，箫短则声浊，黄钟以宏大为诸律君，故其箫必短；乃长者大称之，短者小称之。长大浊，短小清，较然易知；彼惛而不察耳。今俗有所谓管子、刺八、琐拿、画角，长短清浊具在，文利虽喙长三尺，其能辨此哉？若洞箫之长而清，则狭故也。使黄钟之长三寸九分，则围亦三寸九分，径一寸三分，狭于诸律，清细必甚。况乎律箫者，无有旁窍，顽重不舒，固不成响，亦何从而测其清浊哉？且使黄钟之竹三寸九分，则黄钟之丝亦三十九丝，金石之制俱必极乎短小轻薄，革属腔棬必小；音之幺细，不问而知矣。乃黄钟者，统众声以为君者。小不可以统大，薄不可以统厚，短不可以统长；一定之理也。今欲以极乎小薄短轻者入众乐而君长之，其为余律所夺，且不可以自宣，而奚以统之邪？故应钟之律，极乎短者也，以之为宫，则必用黄钟变宫之半，而不敢还用黄钟；畏其逼也。使其为三寸九分，则诸律可以役之而不忧其逼，何云诸律之不敢役乎？且天下之数，减也有涯，而增也无涯。减而不已，则视不成形，听不成声，人未有用之者矣。故立乎长大重厚以制不逾之节，渐减之，则可；至于不可减而止。如使立于短小轻薄以为之制而渐增之，则愈增无已；而形愈著，声愈宣，复奚从而限之乎？故(编者注：故原作而)古之圣人，极乎长大厚重之数，至黄钟而止；为之不可增，以止其淫也。由是而递减之，至应钟之变宫四寸六分七毫四丝三忽一初四秒而止；又或用其半，至无射之二寸四分四厘二毫四丝而止。下此则金薄而裂，竹短而喑，丝弱而脆，革小而不受桴；虽有欲更减者，无得而减也。藉令由三寸九分以渐而增之，虽至于无穷之长大厚重，而不可复止矣。《乐记》曰，乐主乎盈，盈而反。黄钟，盈也；其损而为十一律，反也。舍圣经而徇《吕览》，一曲之言，亦恶足与论是非哉！

太极图，以象著天地之化也。《易》曰“天一，地二，天三，地四，天五，地六，天七，地八，天九，地十”，以数纪天地之化也。可言，皆化也。天地之体，象无不备，数无有量，不可拟议者；天一非独，九亦非众，地二非寡，十亦非赜。先儒言《洪范》五行之序，谓水最微，土最著；尚测度之言耳。聚则谓之少，散则谓之多。一，最聚者也；十，最散者也。气至聚而水生，次聚而火生，木金又次之。土，最散者也，是以块然钝处，而无锐往旁行坚津之用；数极其散，而化亦渐向于惰归矣。九聚，则一也；十聚，则二也。天地之数，聚散而已矣，其实均也。

“润下作咸，炎上作苦，曲直作酸，从革作辛，稼穑作甘。”作者，用也。五味成于五行之发用，非五行之固有此味也。执水火木金土而求味，金何尝辛？土何尝甘？木兼五味，岂仅酸乎？稼之穑之，土所作也；若夫稼穑，则木也。以木之甘言土，言其致用者可知已。区区以海水成盐、煮焦成苦征之，亦致远恐泥之说；况云两木相摩则齿酸，金伤肌则辛痛。求味于舌而不得，求之耳闻，又求之肤肉，不亦诞乎！

天地之德不易，而天地之化日新。今日之风雷，非昨日之风雷，是以知今日之日月，非昨日之日月也。风同气，雷同声，月同魄，日同明；一也。抑以知今日之官骸，非昨日之官骸。视听同喻，触觉同知耳；皆以其德之不易者，类聚而化相符也。其屈而消，即鬼也；伸而息，则神也。神则生，鬼则死。消之也速而息不给于相继，则夭而死。守其故物而不能日新，虽其未消，亦槁而死。不能待其消之已尽而已死，则未消者槁。故曰“日新之谓盛德”，岂特庄生藏舟之说为然哉！

已消者，皆鬼也；且息者，皆神也。然则自吾有生以至今日，其为鬼于天壤也多矣。已消者已鬼矣，且息者固神也；则吾今日未有明日之吾而能有明日之吾者，不远矣。以化言之，亦与父母未生以前一而已矣。盈天地之间，絪缊化醇，皆吾本来面目也。其几，气也；其神，理也。释氏交臂失之而冥搜索之，愚矣哉！

其化也速，则消之速；其化也迟，则以时消者亦以时息也。故仓公谓洞下之药为火齐。五行之化，唯火为速。大黄、芩、连、栀、檗之类，皆火齐也，能疾引人水谷之滋、膏液之泽而化之；方书谓其性寒者，非也。火挟火以速去，则府藏之间，有余者清以适，不足者枵以寒，遂因而谓之寒。可谓其用寒，不可谓其性寒也。呜呼！不知性者之不以用为性，鲜矣。天地之命人物也，有性有材有用；或顺而致，或逆而成，或曲而就。牛之任耕，马之任乘，材也。地黄、巴戟天之补，栀、檗、芩、连之泻，用也。牛不以不任耕、马不以不任乘而失其心理之安。地黄、巴戟天之黑而润，受之于水；栀、檗、芩、连之赤而燥，受之于火。乃胥谓其性固然，岂知性者哉！

药食不终留于人之府藏，化迟则益，化速则损。火郁而有余者不消，则需损耳。损者，非徒其自化之速不能致养，抑引所与为类者而俱速。故栀、檗以其火引火而速去，半夏、南星以其滑液引人之液而速去。谓栀、檗凉，半夏、南星燥者，犹墨吏贫人之国，而谓墨吏贫也。

《内经》云："寒之中人，巨阳先受之。"方术之士不知其说，谓膀胱之为府也薄，寒易入焉。夫纩絮之厚以御服之者之寒，岂自御乎？膀胱中虚，将谁御乎？府藏之位，肺最居上，膀胱最下。肺捷通于咽，膀胱捷通于阴窍。凉自上入，肺先受之；寒自下生，膀胱先受之。故感凉而鼽咳必中于手太阴，感寒而炅热必中于足太阳。《姤》之二所以为"包有鱼"，《夬》之五所以为"苋陆夬夬"也。故力未足以闲邪者，莫如远邪。

《易》言"先音霰。天而天弗违，后天而奉天时"，以圣人之德业而言，非谓天之有先后也。天纯一而无间，不因物之已生未生而有殊，何先后之有哉？先天后天之说，始于玄家；以天地生物之气为先天，以水火土谷之滋所生之气为后天，故有“后天气接先天气”之说。此区区养生之琐论尔，其说亦时窃《易》之卦象附会之。而邵子于《易》亦循之，而有先后天之辨，虽与魏、徐、吕、张诸黄冠之言气者不同，而以天地之自然为先天，事物之流行为后天，则抑暗用其说矣。夫伏羲画卦，即为筮用，吉凶大业，皆由此出；文王亦循而用之尔。岂伏羲无所与于人谋，而文王略天道而不之体乎？邵子之学，详于言自然之运数，而略人事之调燮；其末流之弊，遂为术士射覆之资。要其源，则“先天”二字启之也。胡文定曰：“伏羲氏，后天者也。”一语可以破千秋之妄矣。

《河图》出，圣人则之以画八卦。则者，则其象也。上下，《乾》《坤》也。一、五、七，《乾》也。六、十、二，《坤》也。《乾》尽乎极南而不至乎极北，《坤》生乎极北而不底乎极南；《乾》皆上而《坤》皆下也。故曰“天地定位”，上下奠也。左、右，《坎》《离》也。八、三、十，《坎》也，位乎右不至乎左。九、四、五，《离》也，位乎左不至乎右。中五与十互相函焉，以止而不相逾，故曰“水火不相射”。一、三、二，《兑》也。二、四、一，《艮》也。一、二互用，参三、四而成《艮》《兑》，故曰“山泽通气”。《兑》生乎二，故位南东。《艮》成乎二，故位南西。《艮》《兑》在中，少者处内也，而数极乎少，少则少也。九、六、八，《震》也。八、七、九，《巽》也。八、九互用，参六、七而《震》《巽》成。《震》自西而北而东，《巽》自东而南而西，有相迫逐之象焉，故曰“雷风相薄”。《震》成乎八，故位东北。《巽》成乎九，故位西南。《震》《巽》在外，长者处外也，而数极乎多，多则长也。朱子曰:“析四方之合以为《乾》《坤》《坎》《离》,补四隅之空以为《兑》《巽》《震》《艮》。”亦此谓与!

《河图》明列八卦之象,而无当于《洪范》;《洛书》顺布九畴之叙,说见《尚书稗疏》。而无肖于《易》。刘牧托陈抟之说而倒易之,其妄明甚。牧以书为图者,其意以谓《河图》先天之理,《洛书》后天之事;而玄家所云“东三南二还成五,北一西方四共之”,正用《洛书》之象而以后天为嫌,因易之为《河图》以自旌其先天尔。狂愚不可瘳哉!

历家之言,天左旋,日、月、五星右转,为天所运,人见其左耳。天日左行一周,日日右行一度,月日右行十三度十九分度之七。五星之行,金、水最速,岁一小周;火次之,二岁而一周;木次之,十二岁而一周,故谓之岁星;土最迟,二十八岁而始一周。而儒家之说非之,谓历家之以右转起算,从其简而逆数之耳。日阳月阴,阴之行不宜逾阳,日、月、五行皆左旋也。天日一周而过一度,天行健也。日日行一周天,不及天一度。月日行三百五十二度十九分度之十六七十五秒,秒母百。不及天十三度十九分度之七。其说始于张子,而朱子韪之。夫七曜之行,或随天左行,见其不及;或迎天右转,见其所差;从下而窥之,未可辨也。张子据理而论,伸日以抑月,初无象之可据,唯阳健阴弱之理而已。乃理自天出,在天者即为理,非可执人之理以强使天从之也。理一而用不齐,阳刚宜速,阴柔宜缓,亦理之一端耳。而谓凡理之必然,以齐其不齐之用,又奚可哉?且以理而求日、月,则亦当以理而求五星。日、月随天而左,则五星亦左矣。今以右转言之,则莫疾于金、水,而莫迟于土。若以左旋言之，则是镇星日行一周而又过乎周天者二十八分度之二十七矣。谓天行健而过，土亦行健而过乎？是七曜之行，土最疾，木次之，火次之，金、水、日又次之，其劣于行者，唯月而已。金、水与日并驱，而火、木、土皆逾于日；此于日行最速、太阳健行之说，又何以解邪？日，夫也；月，妻也；妻让夫得矣。日、月，父母也；五星，子也；子疾行而先父，又岂理哉！阴之成形，凝重而不敏于行者，莫土若也。土最敏而月最钝，抑又何所取乎？故以理言天，未有不穷者也。姑无已，而以理言：日，火之精；月，水之精也。三峡之流，晨夕千里；燎原之火，弥日而不逾乎一舍。五行之序，水微而火著，土尤著者也。微者轻疾，著者重迟，土愈著而愈钝矣。抑水有质，火无质，日月非有情于行，固不自行，大气运之也。有质者易运，无质者难运；难易之分，疾徐因之。阳火喜纡，而阴水怒决；阴之不必迟钝于阳，明矣。然此姑就理言之，以折阳疾阴迟之论耳。若夫天之不可以理求，而在天者即为理，故五纬之疾迟，水、金、火、木、土以为序，不必与五行之序合。况木以十二岁一周，岁历一次，故谓之岁星。使其左旋，则亦一日一周天，无所取义于岁矣。以心取理，执理论天，不如师成宪之为得也。

谓日行当敏，月行当钝；东西之度既尔，南北之道何独不然？乃日之发敛也，黄道一岁而一终，自冬至至于夏至，百八十二日六千二百一十二分半，始历四十七度八千六十分。《授时历》法。若月之发敛也，二十七日二千一百二十二分二十四秒，南出乎黄道之南，北出乎黄道之北者，五度十七分有奇；盖不及乎一岁者，十一日四千五百三十二分有奇而已。十三经天矣，其自最北以至最南，才十三日六千六十一分一十二秒，而已过乎太阳一百八十二日六千二百一十二分半所历之道；则是太阴南北行之疾于日者，十三倍三十六分八十七秒半。南北发敛，月疾于日，既无可疑；而独于东西之行，必屈为说，以伸日而抑月，抑为不知通矣！

远镜质测之法，月最居下，金、水次之，日次之，火次之，木次之，土最居上。盖凡行者，必有所凭；凭实则速，凭虚则迟。气渐高，则渐益清微，而凭之以行者，亦渐无力。故近下者行速，高则渐缓。月之二十七日三十一刻新法大略。而一周，土星之二十九年一百五日有奇亦新法大略。而一周，实有其理，而为右转亡疑已。西洋历家既能测知七曜远近之实，而又窃张子左旋之说，以相杂立论。盖西夷之可取者，唯远近测法一术，其他则皆剽袭中国之绪余，而无通理之可守也。

古之建侯者，有定土疆，而无定爵。宋，公也，秦，伯也，而微仲、秦仲以字称，是二君之爵视大夫耳。齐，侯也，而丁公称公；当周制初定之时，应无僭谥，则尝进爵而公矣。《春秋》进退诸侯，用周道尔，非若《纲目》"莽大夫"之为创笔也。

其君从苟简而用夷礼，其国之俗未改，则狄其君，不狄其国；故滕、杞称子而国不以号举。其政教风俗化于夷而君不降礼，则狄其国，不狄其君；故秦不贬其伯而以号举。吴、楚、越两用之，尽乎夷之辞，以其礼坏而俗恶也。

《未济》，男之终也；《归妹》，女之穷也。缘此二卦，中四用爻，皆失其位；而《未济》初阴而上阳，《归妹》初阳而上阴。

上者，终穷之位也；离乎初则不能生，至乎上则无所往矣。《周易》以《未济》终，京房所传卦变以《归妹》终；盖取诸此。乃以循环之理言之：阳终而复之以阳，化之所以不息；阴穷而复之以阳，则阴之绝已旷矣。故《未济》可以再起《乾》，而《归妹》不能。此《周易》之所以非京房之得与也。

京房八宫六十四卦，整齐对待，一倍分明。邵子所传《先天方图》，蔡九峰《九九数图》皆然。要之，天地间无有如此整齐者，唯人为所作，则有然耳。圜而可规，方而可矩，皆人为之巧，自然生物，未有如此者也。《易》曰："周流六虚，不可为典要。"可典可要，则形穷于视，声穷于听，即不能体物而不遗矣。唯圣人而后能穷神以知化。

唯《易》兼十数，而参差用之：太极，一也。奇偶，二也。三画而小成，三也。揲以四，四也。大衍之数五十，五也。六位，六也。其用四十有九，七也。八卦，八也。《乾》《坤》之策三百六十，九也。十虽不用，而一即十也。不倚于一数而无不用，斯以范围天地而不过。《太玄》用三，《皇极经世》用四，《潜虚》用五，《洪范》皇极用九；固不可谓三、四、五、九非天地之数，然用其一，废其余，致之也固而太过，废之也旷而不及，宜其乍合而多爽也。

《皇极经世》之旨，尽于朱子"破作两片"之语，谓天下无不相对待者耳。乃阴阳之与刚柔，太之与少，岂相对待者乎？阴阳，气也；刚柔，质也。有是气则成是质，有是质则具是气；其可析乎？析之则质为死形，而气为游气矣。少即太之稚也，太即少之老也；将一人之生，老、少称为二人乎？自稚至老，渐移而无分画之涯际,将以何一日焉为少之终而老之始乎?故两片四片之说,猜量比拟,非自然之理也。

《乾》《坤》之策三百六十,当期之数,去气盈朔虚不入数中,亦言其大概耳。当者,仿佛之辞也,犹云万一千五百二十当万物之数,非必物之数恰如此而无余欠也。既然,则数非一定,固不可奉为一定之母以相乘相积矣。《经世》数十二之,又三十之,但据一年之月、一月之日以为之母。月之有闰,日之有气盈朔虚,俱割弃之。其母不真,则其积之所差必甚。自四千三百二十以放于《坤》数之至赜,其所差者以十万计。是市侩家收七去三之术也,而以限天地积微成章之化,其足凭乎?

京房卦气之说立,而后之言理数者一因之。邵子《先天圆图》,蔡九峰《九九圆图》,皆此术耳;扬雄《太玄》亦但如之。以卦气治历,且粗疏而不审,况欲推之物理乎?《参同契》亦用卦气,而精于其术者,且有活子时、活冬至之说,明乎以历配合之不亲也。何诸先生之墨守之也?邵子据"数往者顺,知来者逆"之说以为卦序,乃自其圆图观之,自《复》起午中至《坤》为子半,皆左旋顺行,未尝有所谓逆也。九峰分八十一为八节,每节得十,而冬至独得十一,亦与《太玄》赘立《踦》《嬴》二赞,均皆无可奈何而姑为安顿也。

宋熙宁中有郑夬者,著书谈《易》变曰:《坤》一变生《复》,得一阳;二变生《临》,得二阳;三变生《泰》,得四阳;四变生《大壮》,得八阳;五变生《夬》,得十六阳;六变生《归妹》,此当云生《渐》,传写之误。得三十二阳。《乾》一变生《姤》,

得一阴；二变生《遁》，得二阴；三变生《否》，得四阴；四变生《观》，得八阴；五变生《剥》，得十六阴；六变生《归妹》，得三十二阴。同时有秦玠者，附会艳称之，谓其泄天地之藏，为鬼神所谴。成、弘中，桑通判悦矜传以为神秘。皆所谓一隅窥天者耳。其云二、四、八、十六、三十二者，谓其所成之卦也。一阳卦即《复》也，一阴卦即《姤》也，得者谓其既得也。二阳卦，《复》《师》也。二阴卦，《姤》《同人》也。四阳卦，《复》《师》《临》《升》也。四阴卦，《姤》《同人》《遁》《无妄》也。以次上变，上下推移，则三十二卦各成，而备乎六十四矣。其说亦卦气之流耳，何所尽于天地之藏，而玠与悦乃为之大言不惭至是邪？三十二卦阴，三十二卦阳，又即邵子"一破两片"之旨；乃玠又云"西都邵雍所不能知"，不亦诬乎！夬又曰："《乾》《坤》，大父母也;《复》《姤》，小父母也。"则邵子亦尝言之矣。父母而有二，是二本矣。以《复》《姤》为小父母者，自其交构而言之，玄家最下之说也。且以一阳施于阴中谓之父，似矣；一阴入阳中谓之母，其于施受、翕辟、多寡之义，岂不悖哉！故《易》曰："《复》其见天地之心。"天施地生，父母之道，皆于《复》见之。一阳，父也；五阴，母也。《姤》者杀之始，何足以为万物之母哉？故《姤》之《彖》曰"勿用取女"，初六曰"羸豕孚蹢躅"，其不足以当母仪明矣。

水生木，一生三也；则老子一生二之说不行矣。木生火，三生二也；则老子二生三之说不行矣。火生土，二生五也；土生金，五生四也；则邵子二生四之说不行矣。金生水，四生一也；则邵子四生八之说不行矣。天地之化，迭相损益以上下其生，律吕肖之，而微有变通，要非自聚而散以之于多而不可卷，自散向聚以之于少而不可舒也。

五行生克之说，但言其气之变通，性之互成耳，非生者果如父母，克者果如仇敌也。克，能也，制也；效能于彼，制而成之。术家以克者为官，所克者为妻，尚不失此旨。医家泥于其说，遂将谓脾强则妨肾，肾强则妨心，心强则妨肺，肺强则妨肝，肝强则妨脾；岂人之府藏日构怨于胸中，得势以骄，而即相凌夺乎？悬坐以必争之势，而泻彼以补此，其不为元气之贼也几何哉！

证金克木，以刃之伐木；则水渍火焚，不当坏木矣。证木克土，以草树之根蚀土；则凡孳息其中者，皆伤彼者乎？土致养于草树，犹乳子也；子乳于母，岂刑母邪？证土克水，以土之堙水则不流；是鲧得顺五行之性，而何云"汩乱"？土壅水，水必决；土劣于水明矣。证水克火，以水之熄火；乃火亦熯水矣，非水之定胜也。且火入水中而成汤，彼此相函而固不相害也。证火克金，以冶中之销铄；曾不知火炀金流，流已而固无损，固不似土埋水渍之能蚀金也。凡为彼说，皆成戏论，非穷物理者之所当信。故曰：克，能也；致能于彼而互相成也。天地之化，其消其息，不可以形迹之增损成毁测之。有息之而乃以消之者，有消之而乃以息之者，无有故常而藏用密。是故化无恩怨，而天地不忧，奈何其以攻取之情测之！

水之为体最微，而其为利害最大，要其所为利者，即其所为害也。愚尝谓不贪水之利，则不受水之害；以黄河漕者，进寇于庭而资其刃以割鸡也。吾乡大司马刘舜咨先生所著《河议》，言之娓娓矣。乃天子都燕，则漕必资河。以要言之，燕固不可为天子之都；无粟而悬命于远漕，又因之以益河患，岂仁且知者之所择处哉！

以都燕为天子自守边，尤其悖者。独不闻孤注之说乎？西周扼西陲而北狄日逼，东迁以后，委之秦而有余。弥与之近，则觊觎之心弥剧，艳而忮也。艳忮动于寇心，而孤注之势又成，不亦危乎！天子所恃以威四夷者，太上以道，其次以略，未闻恃一身两臂之力也。徒然率六军而望哺于万里，以导河而为兖、徐忧，自非金源、蒙古之习处苦寒，何为恋此哉？

"郊以事天，社以事地"，礼有明文；古无伉地于天而郊之之礼。天之德德，地之德养；德以立性，养以适情。故人皆养于地，而不敢伉之以同于天，贵德而贱养、崇性而替情也。人同性也，物各养也，故无可分之天而有可分之地。天主气，浑沦一气而无疆埒。地主形，居其壤，食其毛，其地之人，即其人之地矣。是以惟天子统天下而后祀天。若夫地，则天子社之，诸侯社之，大夫以至庶人各有置社，无不可祀也。无不可祀，而天子又奚郊邪？天子、诸侯自立社，又为民立社。自立社者，无异于民之自社也。为民立社，天子止社其畿内而不及侯国，诸侯社其国中而不及境外；分土之义也，性统万物而养各有方也。地主形，形有广狭而祀因之，形有崇卑大小而秩因之；故五岳四渎，秩隆于社。今乃创立皇地祇至尊之秩，而岳渎从祀；则不知所谓地祇者何也，岂概九州而统此一祇乎？山泽异形，燥湿异形，坟埴异形，垆黎异形，草谷异产，人物异质，则其神亦异矣，而强括之以一；是为皇地之名者，诬亦甚矣！《周礼》夏至合乐方泽之说，肄习社稷山川祀事之乐耳，非谓祀也。后世不察于性情德养之差，形气分合之理，阴阳崇卑之别，伉北郊以拟天，下伐上，臣干君，乱自此而生。乃纷纷议分议合，不愈慎也乎！

继父之服，不知其义所自出。继父者，从乎母而亲者尔。从母而亲者，莫亲于外祖父母，其服之也，小功而已。而同居继父之服期，何独私于母之后夫哉？即其为营寝庙，修祭祀，亦朋友通财之等。营寝庙，修祭祀，其财力为之也。古者母之服期，母之后夫亦期焉，从服者视所从而无杀；殆以伉诸尊父而尊继母之礼与？则亦禽狄之道矣。孰立继父之名，因制继父之服？父其可继乎哉？同母异父之兄弟姊妹，视从兄弟而小功，亦野人之道也。母之后夫，同母异父之兄弟姊妹，以朋友皆在他邦之服服之，袒免焉可矣。

从服，因所从者为之服，不以己之昵而服之，则亦不以己之嫌而已之。兄弟一体之亲，从乎兄弟，而为兄弟之妻服，庸不可乎？若以嫂叔不通问为疑，乃嫌疑之际，君臣男女一也。未仕者从父而为父之君服，不以不为臣不见之义为疑而已之。盖所从者，义之重者也；嫌疑，义之轻者也。其生也，不为臣不见，嫂叔不通问，厚君臣男女之别。其没也，从乎父与兄弟而服之，以笃尊亲之谊，亦并行而不悖矣。男子从乎兄弟而服兄弟之妻，妇人从乎夫而服夫之兄弟。今礼有善于古者，此类是已。

明堂之说，制度纷纭，大抵出于汉；新垣平、公玉带之徒，神其说而附益之尔。《戴记·明堂位》不言十二室、五室之制，而有应门之文；则亦天子之庙堂耳。故孟子曰："明堂者，王者之堂也。"《孝经》称"宗祀文王于明堂，以配上帝"；所谓配上帝者，谓以天子之礼祀之，成其配天之业也。后世增大飨，而以人道事天；又分天与帝为二，傅以谶纬之诬说，荒怪甚矣。《月令》为青阳、明堂、总章、玄堂之名，随月居之以听政，琐屑烦冗，拟天而失其伦。不知吕不韦传于何一曲儒，以启后世纷纭之喙，乃欲创一曲房斜户之屋，几令匠石无所施其结构。宋诸先生议复古多矣，而不及明堂，诚以其不典而徒烦也。

《月令》位土于季夏，惟不达于相克者相成之义，疑火金之不相见而介绍之以土，且以四时无置土之位，弗获已而以季夏当之尔。其云律中黄钟之宫，既不可使有十三律，则虽立宫之名，犹是黄钟也。将令林钟不能全应一月，于义尤为卤莽。其说既不足以立，历家又从而易之，割每季之十八日以为土王，尤虚立疆畛而无实。五行之运，不息于两间，岂有分时乘权之理？必欲以其温凉晴雨之大较而言之，则《素问》六气之序，以六十日当一气，为风寒燥湿阳火阴火之别，考之气应，实有可征，贤于每行七十二日之说远矣。且天地之化，以不齐而妙，亦以不齐而均。时自四也，行自五也，恶用截鹤补凫以必出于一辙哉！《易》称元亨利贞配木火金土，而水不与，贞，土德，非水德，详《周易外传》。则四序之应，虽遗一土，亦何嫌乎？天地非一印板，万化从此刷出，拘墟者自不知耳。

水之制火，不如土之不争而速。《素问》二火之说，以言化理尤密。龙雷之火，附水而生，得水益烈，遇土则蔑不伏也。

土与金虽相抱以居，而块然其不相孳乳，燥湿之别久矣。《素问》以湿言土，以燥言金，皆其实也。金既燥，与水杳不相亲，奚水之生乎？两间之金几何，而水无穷，水岂待金而生邪？五行同受命于大化。《河图》五位浑成，显出一大冶气象，现成五位具足，不相资抑不相害。故谈五行者，必欲以四时之序序之。与其言生也，不如其言传也；与其言克也，不如其言配也。

《月令》及汉历，先惊蛰而后雨水；汉以后历，先雨水而后惊蛰。盖古人察有恒之动于其微，著可见之动于其常也。正月蛰虫振于地中，察微者知之，待著而后喻者不知也。正月或雨雪，或雨水，虽或雨水而非其常；二月则以雨水为常。惊变者不待其变之定而纪之，不验者多矣。护蛰虫之生，当于其微，而后生理得苏。效天时之和润以起田功，当待其常，而后人牛不困。后人之不古若，而精意泯矣。

天无度，人以太阳一日所行之舍为之度。天无次，人以月建之域为之次。非天所有，名因人立；名非天造，必从其实。十有二次，因乎十有二建而得名，日运刻移，东西循环，固无一定之方也。大寒为建丑之中气，故以夏正十有二月为星纪之月，而丑因从为星纪之次。斗柄所指，在地之北东隅，丑方也。丑所以为星纪者，一日之辰，随天左移所加之方，而为十二时正方也。东正卯，西正酉，上正午，下正子，八方随之以序，则因卯酉而立之名也。故卯酉为有定之方，而为十二次之纪。建丑之月，古历日在子，其时日方正午，加于子宿，未加亥，申加戌，酉正加酉，卯正加卯，在天卯酉之位，与在日卯酉之时相值而中；方卯而卯中，方酉而酉中，故曰星纪。此古历“冬至日在斗，大寒日在虚”之所推也。自岁差之法明，尧时冬至日在虚，周、汉以后冬至日在斗，而今日在箕三度矣。治历者不为之通变之术，仍循汉、唐之法，以危十二度起，至女二度，为玄枵之次，其辰子；女二度起，至斗二度，为星纪之次，其辰丑；斗二度起，至尾三度，为析木之次，其辰寅。余九次因此。则是大寒之气，日在牛三度而加丑；在天之丑，值日之午，酉加戌，卯加辰，不得谓之为星纪矣。方是月也，斗柄指丑，而人之以十二次分之者，乃在子，不亦忒乎！用今之历，纪今之星，揆今之日，因今之时，谓一日十二时。定今之次，自当即今冬至日在箕三度至牵牛四度为丑，牵牛三度至危六度为子，危七度至东壁三度为亥。余九次准此。岁差则从之而差，所不可差者，斗柄所建之方而已。循是而推之，则冬至日仍在丑，雨水日仍在亥，建丑之月，卯仍卯中，酉仍酉中；名从实起，次随建转，即今以顺古，非变古而立今；其尚允乎！

古之为历者，皆以月平分二十九日五十三刻有奇为一朔，恒一大一小相间，而月行有迟疾，未之审焉。故日月之食，恒不当乎朔望。穀梁子未朔、既朔、正朔之说，由此而立，而汉儒遂杂以灾祥之说，用相爚乱。至祖冲之谂知其疏，乃以平分大略之朔为经朔，而随月之迟疾出入于经朔之内外为定朔；非徒为密以示察也，以非此则不足以审日月交食之贞也。西洋夷乃欲以此法求日，而制二十四气之长短，则徒为繁密而无益矣。其说大略以日行距地远近不等，迟疾亦异，自春分至秋分，其行盈，自秋分至春分，其行缩而节以漏准，故冬一节不及十五日者，十五刻有奇，夏一节过于十五日者，七十二刻有奇。乃以之测日月之食，则疏于郭守敬之法而恒差。若以纪节之气至与否，则春夏秋冬、温暑凉寒，万物之生长收藏，皆以日之晨昏为主，不在漏刻之长短也。故曰：日者，天之心也。则自今日日出以至于明日日出为一日，阖辟明晦之几，定于斯焉。若一昼一夜之内，或长一刻，或短一刻，铢累而较之，将以何为乎？日之有昼夜，犹人之有生死，世之有鼎革也。纪世者以一君为一世，一姓为一代，足矣。倘令割周之长，补秦之短，欲使均齐而无盈缩之差，岂不徒为紊乱乎？西夷以巧密夸长，大率类此，盖亦三年而为棘端之猴也。

雾之所至，土气至之。雷电之所至，金气至之。云雨之所至，木气至之。七曜之所至，水火之气至之。经星以上，苍苍而无穷极者，五行之气所不至也。因此知凡气皆地气也，出乎地上则谓之天气。一升一降，皆天地之间以絪缊者耳。《月令》曰："天气下降，地气上腾。"从地气之升，而若见天气之降，实非此晶晶苍苍之中，有气下施以交于地也。经星以上之天，既无所施降于下，则附地之天，亦无自体之气以与五行之气互相含吐而推荡，明矣。天主量，地主实；天主理，地主气；天主澄，地主和。故张子以清虚一大言天，亦明乎其非气也。

不于地气之外别有天气，则玄家所云先天气者无实矣。既生以后，玄之所谓后天也；则固凡为其气者，皆水、火、金、木、土、谷之气矣。实但谷气，一曰胃气。未生以前胞胎之气，其先天者乎；然亦父母所资六府之气也，在己与其在父母者，则何择焉？无已，将以六府之气在吾形以内酝酿而成为后天之气，五行之气自行于天地之间以生化万物、未经夫人身之酝酿者为先天乎？然以实推之，彼五行之气自行而生化者，水成寒，火成炅，木成风，金成燥，土成湿，皆不可使丝毫漏入于人之形中者也。鱼在水中，水入腹则死；人在气中，气入腹则病。入腹之空，且为人害，况荣卫魂魄之实者乎？故以知所云先天气者无实也。栖心淡泊，神不妄动，则酝酿清微而其行不迫，以此养生，庶乎可矣。不审而谓此气之自天而来，在五行之先，亦诞也已。

邵子之言先天，亦倚气以言天耳。气，有质者也，有质则有未有质者。《淮南子》云“有夫未始有无者”，所谓先天者此也。乃天固不可以质求，而并未有气，则强欲先之，将谁先乎？张子云“清虚一大”，立诚之辞也，无有先于清虚一大者也。玄家谓“顺之则生人生物”者，谓由魄聚气，由气立魂，由魂生神，由神动意，意动而阴阳之感通，则人物以生矣；“逆之则成佛成仙”者，谓以意驭神，以神充魂，以魂袭气，以气环魄，为主于身中，而神常不死也。呜呼！彼之所为秘而不宣者，吾数言尽之矣。乃其说，则告子已为之嚆矢。告子曰“不得于心，勿求于气”，亦心使气、气不生心之说。夫既不待我，而孟子折之详矣。天地之化，以其气生我；我之生，以魄凝气，而生其魂神，意始发焉。若幸天地之生我而有意，乃窃之以背天而自用，虽善盗天地以自养，生也有涯，而恶亦大矣。故曰：“小人有勇而无义为盗。”

释氏之所谓六识者，虑也；七识者，志也；八识者，量也；前五识者，小体之官也。呜呼！小体，人禽共者也；虑者，犹禽之所得分者也。人之所以异于禽者，唯志而已矣。不守其志，不充其量，则人何以异于禽哉？而诬之以名曰“染识”，率兽食人，罪奚辞乎！释道生曰：“敲空作响，击木无声。”此亦何足为名理，而矜言之也？天下莫大之声，无逾于雷霆，乃岂非敲空作响乎？木之有声者，其中空也。即不空者，击空向木，木止空不行，反触而鸣也。举木按木，虽竭贲、获之力，声亦不生，则击木固无声矣。释氏之论，大抵如此，愚者初未置心于其际，乍闻而惊之尔。如《楞严》所称“耳闻梅而涎从口出”之类，亦复成何义旨？有血性者当不屑言，亦不屑辨也。

三代之政，简于赋而详于役，非重用其财而轻用其力也。赋，专制于君者也，制一定，虽墨吏附会科文以取之，不能十溢其三四也。役则先事集而后事息，随时损益，固难画一；听吏之上下，而不能悉听于君上，不为之不可；溢之数，尽取君与吏所必需于民者而备征之，则吏可以遽不请命而唯意为调发，虽重法以绳吏，而彼固有辞。是故先王不避繁重之名，使民逐事以效功，则一国之常变巨细，皆有期会之必赴，而抑早取其追摄不逮、冗促不相待之数，宽为额而豫其期，吏得裕于所事而弗能藉口于烦速。其庀具供给之日，不移此以就彼，吏抑无从那移而施其巧。且役与赋，必判然分而为二；征财虽径，征力虽迂，而必不敛其值以雇于公。民即劳而事有绪，吏不能以意欲增损之，而劳亦有节矣。知此，则创为一条鞭之法者，概役而赋之，其法苟简而病民于无穷，非知治体者之所尚矣。一条鞭立，而民不知役，吏乃以谓民之未有役而可役；数十年以后，赋徒增而役更起，是欲径省其一役而两役之矣。王介甫雇役之法倡之，朱英之一条鞭成之，暴君者又为裁减公费、驿递、工食之法，以夺之吏而偿之民。夺之吏者一，而偿之民者百，是又不如增赋之虐民有数也。

置邮之说，始见于《孟子》而传闻于孔子，《周礼》无述焉。意亦衰周五伯之乱政，非三代之制也。《春秋传》鲁庄公传乘而归，楚子乘驲会师于临品，皆军中所置以待急迫，犹今之塘拨耳。孔子所谓传命者，亦谓军中之命令也。三代之制，大夫以上皆自畜马，有所使命，自驾而行，而不需于公家。士及庶人在官者之衔命，则公家予之以驾，而不取给于赋役。故问国君之富，数马以对；国马蕃于公厩，无所资于民矣。吉行日五十里，马力不疲，适远而不须更易，驾以往者即驾以返，无用驲也。诸侯之交，适远者少。天子之使，或达于千里之外，则有轩輶之车，舆轻马良，亦即所乘以远届而已。古之政令，立法有章，号令统一，事豫而期有恒，故日行五十里而不失期会。后世有天下者，起于行陈，遂以军中驿传之法取快一时者为承平之经制，先事之不豫，征求期会之无恒，马力不足给其意欲，而立法以求急疾，至于鱼蟹瓜果口腹之需，一惟其速而取办于驿传。天下增此一役，而民困益甚矣。诚假郡县以畜牧之资，使自畜马以供公役，自近侍以至冗散，皆丰其禄饩傔从，各得多其蕃畜，一切奏报征召，皆自乘以行，而特给以刍秣，虽乘舆之圉，亦取之国马而足，则赋可减，役可捐，而中国亦资以富强，将不待犛镪笼茶以请命于番夷，上下交益之道也。开国之主，一为创制，捷于反掌，非如井田封建之不易复也。

张子曰："日月之形，万古不变。"形者，言其规模仪象也，非谓质也。质日代而形如一，无恒器而有恒道也。江河之水，今犹古也，而非今水之即古水。镫烛之光，昨犹今也，而非昨火之即今火。水火近而易知，日月远而不察耳。爪发之日生而旧者消也，人所知也。肌肉之日生而旧者消也，人所未知也。人见形之不变，而不知其质之已迁，则疑今兹之日月为邃古之日月，今兹之肌肉为初生之肌肉，恶足以语日新之化哉！阳而聚明者，恒如斯以为日；阴而聚魄者，恒如斯以为月；日新而不爽其故，斯以为无妄也与！必用其故物而后有恒，则当其变而必昧其初矣。

月食之故，谓为地影所遮，则当全晦而现青晶之魄矣。今月食所现之魄赤而浊，异乎初生明时之魄，未全晦也。抑或谓太阳暗虚所射，近之矣。乃日之本无暗虚，于始出及落时谂之自见。日通体皆明，而人于正午见之，若中暗虚而光从旁发者，目眩故尔。日犹火也，岂有中边之异哉？盖月之受辉于日，犹中宵之镜受明于镫也。今以镫临镜而人从侧视之，镫与镜不正相值，则镜光以发；镫正临镜，则两明相冲，镜面之色微赤而浊，犹月食之色也。介立其中者，不能取照于镜矣。日在下，月在上，相值相临，日光逼冲乎月魄，人居其中，不见返映之辉，而但见红昏之色，又何疑哉！

历法有日月之发敛，而无步五星发敛之术。盖土星二十九年有奇而始一周，行迟则发敛亦微，未易测也。乃五星固各有其发敛，则去黄道之近远与出入乎黄道，亦各自有其差。太白于五星，光芒最盛，去黄道近，则日出而隐；其或经天昼见者，去黄道甚远，则日不能夺之也。然则使置五星发敛之术以与太阳互算，则太白经天，亦可推测之矣。其为休咎，则亦与日月食之虽有恒度而人当其下则为灾也等，要皆为有常之异也。

盐政开中之法，其名甚美，综核而行之乍利，要不可以行远，非通计理财之大法也。商之不可为农，犹农之不可为商也。商其农，徒窳其农而贫之于商。农其商，徒困其商而要不可为农。开中者，将使商自耕乎？抑使募人以耕乎？商固不能自耕，而必募人以耕，乃天下可耕之人皆怀土重迁者，商且悬重利以购之，则贪者舍先畴以趋远利，而中土之腴田芜矣。不则徒使商豢游惰之农，而出不能裨其入也。抑天下果有有余之农为可募邪，则胡不官募之，而必假于商乎？农出粟而使之输金，唐、宋以降之弊政也；商利用金而使之输粟，则开中之弊法也。颠倒有无而责非其有，贸迁于南而田庐于北，人心拂而理势逆，故行之未百年而叶淇得以挠之，商乃宁输数倍之金以丐免遥耕之苦，必然之势也。耕犹食也，莫之劝而自勤者也。强人以耕，殆犹夫强人以食，与不馇而哕者几何哉？宜开中之不能久也。

与其开中而假手于商以垦塞田也，亡宁徙民以实塞。民就徙，则渐安其可怀之土矣，独疑无从得民而募徙之尔。叶淇以前，商所募者为何许人？当时不留之以为官佃，则淇之罪也。或皆游惰而卤莽者乎？乃今广西桂平、浔梧之间有獞人者，习于刀耕火种，勤苦耐劳，徒以府江左右皆不毛之土，无从得耕，故劫掠居民行旅以为食。韩雍以来，建开府，增戍卒，转饷千里，大举小入，数百年无宁日，斩杀徒勤而终不悛。若置之可耕之土，则贼皆农也。或虑其犷不受募，则可用雕剿之法，以兵迁其一二，得千许人，丰给其资粮牛具，安插塞下，择良将吏拊循之。数年以还，俾既有饱暖之色，择其渠魁，假之职名，还令自相呼致。行之十年之外，府江之獞可空，塞下之莱可熟矣。且其人类犷悍习战，尤可收为墩堡之备，即因之简兵节饷可也。汉迁瓯人而八闽安，中国实用此道尔。他如黔、蜀之苗、犵，可迁者有矣；亳、宿、郧、夔之流民，可耕者有矣；汀、邵之山民，转耕蓝麻于四方，可募者有矣。当国者以实心而任良吏，皆为塞下之农也，奚必开中而后得粟哉？

《内经》之言，不无繁芜，而合理者不乏。《灵枢经》云："肝藏血，血舍魂。脾藏荣，荣舍意。心藏脉，脉舍神。肺藏气，气舍魄。肾藏精，精舍志。"是则五藏皆为性情之舍，而灵明发焉，不独心也。君子独言心者，魂为神使，意因神发，魄待神动，志受神摄，故神为四者之津会也。然亦当知凡言心，则四者在其中，非但一心之灵，而余皆不灵。孟子言持志，功在精也；言养气，功加魄也。若告子则孤守此心之神尔。《灵枢》又云："天之在我者，德也；地之在我者，气也。"亦足以征有地气而非有天气矣。德无所不凝，气无所不彻，故曰"在我"。气之所至，德即至焉，岂独五藏胥为含德之府而不仅心哉？四支、百骸、肤肉、筋骨，苟喻痛痒者，地气之所充，天德即达，皆为吾性中所显之仁，所藏之用。故孟子曰："形色，天性也。"

庄子谓风之积也厚，故能负大鹏之翼，非也。浊则重，清则微，天地之间，大气所蒸，渐上则渐清，渐下则渐浊。气浊以重，则风力亦鸷；气清以微，则风力亦缓。然则微霄之上，虽或有风，微飔而已，安所得积而厚哉？莺、鸠之飞不能高，翼小力弱，须有凭以举，能乘重而不能乘轻也。鹏之高也，翼广力大，不必重有所凭而亦能乘也。使大鸟必资厚气以举，如大舟之须积水，虽九万里亦平地之升尔。则方起翼之初，如大舟之一试于浅水而早不能运，何从拔地振起以得上升哉？庄生以意智测物而不穷物理，故宜其云然。

"东苍天，西白天，南赤天，北玄天。"于晴夕月未出时观之则然，盖霄色尔。霄色者，因日月星光之远近、地气之清浊而异，非天之有殊色也。自霄以上，地气之所不至，三光之所不行，乃天之本色。天之本色，一无色也。无色，无质、无象、无数，是以谓之清也，虚也，一也，大也，为理之所自出而已矣。

周正建子，而以子、丑、寅之月为春，卯、辰、巳之月为夏，午、未、申之月为秋，酉、戌、亥之月为冬。肇春于南至，而讫冬于大雪，非仅以天为统之说也。子、丑、寅之月，寒色略同；卯、辰、巳之月，温色略同；午、未、申之月，暑色略同；酉、戌、亥之月，凉色略同。因其同者而为之一时，气之验也。自南至以后九十一日有奇，日自极南而至乎赤道；又九十一日有奇，自赤道而至乎极北。北至以后九十一日有奇，自极北而返乎赤道；又九十一日有奇，自赤道以至乎极南。赤道中分南北，大返四至而分四时，天之象也。一阳生于地中，水泉动，故曰"春者，蠢也"。雷发声，电见，桃李荣，故曰"夏者，大也"。一阴生，反舌无声，故曰"秋者，揫也"。水始涸，蛰虫坏户，故曰"冬者，终也"。化之征也。然则周所谓四时者，不可谓无其理矣。既有其理，而《泰誓》春大会于孟津，又明著其文，则知以建子之月为春王正月，自鲁史之旧，而非夫子以夏时冠周月，创亡实之文。胡文定之说，诚有所未审，而朱子驳之，宜矣。

盖天之说，亦就二十八宿所维系之天而言也。北极出地四十度，《授时历》所测北都度数。南极入地四十度。赤道之南，去地七十一度有奇耳；其北，去地一百一十一度有奇也；则有如斜倚于南矣。其法当以赤道之中，当盖之部尊；盖，枢也。南北二极，当盖之垂溜；盖，檐也。既倚于南，而复西转，类盖之仄动；其说不过如此，非谓尽天之体而北高南下也。推其说，则北极之北，经星之所不至，当不得谓之天，故曰“天不满西北”。然则极北之苍苍者，果何名邪？此其说之窒者也。抑即以经星之天论之，使以赤道为部尊，南北二极为垂溜，则赤道之中，当恒见而不隐；北极出地上，当以日推移而不恒见。而今反是，则倚盖之譬，可状其象而不可状其动也。此浑天之说所以为胜。乃浑天者，自其全而言之也。盖天者，自其半而言之也。要皆但以三垣二十八宿之天言天，则亦言天者画一之理。经星以上，人无可得而见焉。北极以北，人无可得而纪焉。无象可指，无动可征，而近之言天者，于其上加以宗动天之名，为蛇足而已矣。

浑天家言天地如鸡卵，地处天中犹卵黄。黄虽重浊，白虽轻清，而白能涵黄，使不坠于一隅尔，非谓地之果肖卵黄而圆如弹丸也。利玛窦至中国而闻其说，执滞而不得其语外之意，遂谓地形之果如弹丸，因以其小慧附会之，而为地球之象。人不能立乎地外以全见地，则言出而无与为辨，乃就玛窦之言质之。其云地周围尽于九万里，则非有穷大而不可测者矣。今使有至圆之山于此，绕行其六七分之一，则亦可以见其迤逦而圆矣。而自沙漠以至于交趾，自辽左以至于葱岭，盖不但九万里六七分之一也。其或平或陂，或洼或凸，其圆也安在？而每当久旱日入之后，则有赤光间青气数股自西而迄乎天中，盖西极之地，山之或高或下，地之或侈出或缺入者为之。则地之欹斜不齐，高下广衍无一定之形，审矣。而玛窦如目击而掌玩之，规两仪为一丸，何其陋也！

利玛窦地形周围九万里之说，以人北行二百五十里，则见极高一度为准；其所据者，人之目力耳。目力不可以为一定之征，远近异则高下异等。当其不见，则毫厘迥绝；及其既见，则倏尔寻丈；未可以分数量也。抑且北极之出地，从平视而望之也。平视则迎目速而度分如伸，及其渐升，至与人之眉目相值，则移目促而度分若缩。今观太阳初出之影，晷刻数丈；至于将中，则徘徊若留；非其行之迟速、道之远近，所望异也？抑望远山者，见其耸拔蔽霄，及其近，则失其高而若卑，失其且近而旷然远矣。盖所望之规有大小，而所见以殊，何得以所见之一度为一度，地下之二百五十里为天上之一度邪？况此二百五十里之涂，高下不一，升降殊观，而谓可准乎？且使果如玛窦之说，地体圆如弹丸，则人处至圆之上，无所往而不踞其绝顶，其所远望之天体，可见之分必得其三分之二，则所差之广狭莫可依据，而奈何分一半以为见分，因之以起数哉？弹丸之说既必不然，则当北极出地之际，或侈出或缺入，俱不可知，故但以平线准之，亦弗获已之术也，而得据为一定邪？且人之行，不能一依鸟道，则求一确然之二百五十里者而不可得，奚况九万里之遥哉？苏子瞻诗云："不识庐山真面目，只缘身在此山中。"王元泽有云："铢铢而累之，至两必差。"玛窦身处大地之中，目力亦与人同，乃倚一远镜之技，死算大地为九万里，使中国有人焉如子瞻、元泽者，曾不足以当其一笑。而百年以来无有能窥其狂呆者，可叹也！

岁之有次，因岁星所次而纪也。月之有建，因斗柄所建而纪也。时之有辰，因太阳所加之辰而纪也。是故十干、十二枝之配合生焉。若日之以甲子纪，不知其何所因也。既观象于天而无所因以纪，则必推原于所自始而因之矣。倘无所纪，又无所因，将古今来之以六十甲子纪日者，皆人为之名数，而非其固然乎？非其固然，则随指一日以为甲子，奚不可哉？日之有甲子，因历元而推者也。上古历元天正，冬至之日以甲子始，故可因仍鳞次，至于今而不爽。乃以验之于天，若以甲庚执破候晴雨之类，往往合符。是以知古人之置历元，非强用推测为理，以求天之合也。郭守敬废历元，趋简而已。历元可废，则甲子将谁从始哉？古法有似徒设无益而终不废者，天之用不一端，人之知天不一道，非可径省为简易。惟未曙于此，则将有如方密之阁学，欲尽废气盈朔虚，一以中气分十二节而罢朔闰者，天人之精意泯矣。

年与日之以甲子纪，皆以历元次第推而得之。月之因乎斗柄，时之因乎太阳，但取征于十二次，则亦但可以十二枝纪之而已。若同一建寅之月，孰为丙寅？孰为戊寅？同一加子之时，孰为甲子？孰为丙子？既无象数之可征，特依倚历元“初始月，时始于甲干”而推尔。乃以历元言之，则冬至月建甲子，已为岁首。而今用夏正，甲子之岁始于丙寅，抑甲子之建自冬至始？而大雪以后即建甲子，义亦相违。故古人于月，但言建某枝之月；于时，但言时加某枝，而不系以天干；立义精慎。后世琐琐壬遁星命之流，辄为增加以饰其邪说，非治历之大经也。

谓黄帝吹律以审音，吹者，吹其律之笙箫管籥也。而蔡西山坚持吹之一字，以讥王朴用尺之非；过矣！朴用尺而废律，固为不可。尺者，律之一用耳，可以度长短大小，而不可以测中之所容与其轻重。且律兼度量衡而为之准，是律为母而尺其子也。用一子以废群子之母，其失固然矣。然律者，要不可以吹者也。枵然洞达之筒，音从何发？即令成音，亦怒号之窍、于喁之声而已。且吹之有清浊也，不尽因乎管，而因乎吹之者洪纤舒疾之气。今以一管，易人而吹之；且以一人，异用其气而吹之；高下鸿杀，固不一矣，又将何据以定中声乎？唯手口心耳无固然之则，故虽圣人，必倚律以为程，则管不待吹，弦不待弹，鼓不待伐，钟不待考，而五音十二律已有画一之章。然则言吹律者，律已成，乐已审，而吹以验之也，非藉吹之得声而据之以为乐也。用尺，虽于法未全，自贤于任吹者之徒徇口耳矣。

黄道出入赤道内外之差，冬至自南而反北，人在赤道北，故曰反。初迟后疾，至于赤道，则又渐向于迟。夏至自北而之南，亦初迟后疾，至于赤道，则又渐向于迟。唯近赤道则疾，远则渐迟；历家测其实，未明其故。盖赤道当天之中，其体最高，则黄道所经亦高，渐移而南北，则渐降而下。“在天成象”者，清虚而利亲上，故趋于高则其行利，趋于下则其行滞，犹在地成形者之利于下。是以二至之发敛三十秒，二分之发敛极于三十八分九十五秒也。据《授时历》。

谓日高，故度分远，是以日行一度；月下，故度分近，是以日行十三度有奇；亦周旋曲护阴当迟、阳当疾之说尔。七曜之行，非有情则非有程；而强为之辞，谓月与五星一日之行，各如日一度之远近，亦诬矣。且经星托体最高，其左旋何以如是之速邪？夫使日之一度，抵月之十三度有奇，则土星之一度，当抵月之三百五十一度有奇矣。果如是其远焉否也？抑必七政之疾徐，画一而无参差，但以度分之远近而异，东西既尔，南北亦宜然；月之九道，何以出乎黄道外者五度十七分有奇邪？天化推迁，随动而成理数，阴阳迟疾，体用不测；画一以为之典要，人为之妄也。以之论天，奚当焉？

月中之影，或以为地影，非也。凡形之因照而成影，正出，旁出，横出，长短大小，必不相类。况大地之体，恶能上下四旁之如一哉？今观其自东升历天中，以至于西坠，其影如一；自南至北，阅九道，出入四十八度，其影如一。地移而影不改，则非地影明矣。乃其所以尔者，当由月魄之体，非如日之充满匀洽尔。受明者，魄也；不受明者，魄之缺也。意者魄之在天，如云气之有断续疏漏，或浓或淡，或厚或薄；所疏漏者，下通苍苍无极之天，明无所丽，因以不留乎。亦阳用有余、阴用不足之象也。有余则重而行迟，不足则轻而行速，抑可通于日月迟疾之故矣。

月行之道所以斜出入于黄道者，日行黄道之差，每日大概以二十六分强为率，分百为度。三日半而始得一度；若月，则一日而差三度半弱。故日虽渐迤南北，而其道恒直；月则每日所差既远，其道恒斜也。日其经而月其纬乎。

“孙可以为王父尸。”可以者，通辞也，不必定其孙而为之也。假令周当平、桓以降，祭文、武二世室，安从得孙而为之尸乎？天子七庙，虽无孙而在五世袒免之内，亲未尽则形气相属不远，皆可为尸。文、武、后稷既已远，而德厚者流光，凡其子孙与同昭穆者，皆可尸也。然则祭祢庙者而未有孙，或取诸五世以内为诸孙之列者与！若又无之，则取之所祭者再从以外之兄弟，期于无乱昭穆而已。

自汉以来，祭不立尸，疑其已简。古人阴厌阳厌，于彼于此，亦不敢信祖考之神必栖于尸，弗获已而以有所施敬者为安，亦要孝子极致之情尔。礼有不必执古以非今者，此其一邪！且祖考之尸用诸孙，祖妣之尸将用诸孙之妇邪？则形气固不相属矣。《诗》云：“谁其尸之，有齐季女。”说见《诗稗疏》。是明乎必取诸孙女之列也。一堂之上，合族以修大事于祖考，乃使女子与昆弟同几筵以合食，而取象于夫妇；人道之别，不亦紊乎！必无已，而不必其形气之相属，使为祖尸者之妇为祖妣尸。乃同牢之礼仅用于始昏，亦同于室而不同于堂；自此以外，必厚其别。乃于礼乐之地，兄弟具来，而夫妇合食以无嫌，亦媟甚矣。更无已，而妣配无尸，即以祖之尸摄之，则一人而两致献酬，男子而妇人之，又已不伦。念及此，则不立尸为犹愈也。司马、程、朱定所作《家礼》，论复古备矣，而不及尸，亦求之情理而不得其安也。

《素问》之言天曰运，言地曰气。运者，动之纪也，理也，则亦天主理、地主气之验也。故诸家之说，唯《素问》为见天地之化而不滞。五运之序：甲、己土，乙、庚金，丙、辛水，丁、壬木，戊、癸火，以理序也。天以其纪善五行之生，则五行所以成材者，天之纪也。土成而后金孕其中；虽孕而非其生。土金坚立，水不漫散而后流焉；水土相得，金气坚之，而后木以昌植；木效其才，而火丽之以明。故古有无火之世，两间有无木之山碛，无无金之川泽，而土水不穷。砂石皆金属也。自然而成者长，有待而成者稚。五行之生，虽终始无端，而以理言之，则其序如此。故知五运者，以纪理也。地主气，则浑然一气之中，六用班焉而不相先后。同气相求，必以类应。故风木与阳火君火。相得也，阴热相火。与燥金相得也，湿土与寒水相得也。相得则相互，故或司天，或在泉，两相唱和，无适先也。以类互应，均有而不相制，奚生克之有哉？倘以生克之说求之，则水，土克也；金，火克也；胡为其相符以成岁邪？理据其已成而为之序，而不问其气之相嬗；故以土始，不以水始，异《洪范》。亦不以木始，异《月令》。非有相生之说也。气因其相得者而合，风兴则火炀，火烈则风生；热熯则燥成，燥迫则热盛；湿荫则寒凝，寒嘘则湿聚；非有相克之说也。风，春气也；故厥阴为初火。热，夏气也；燥，秋气也；湿寒，冬气也。冬水聚，湿气胜。应四时之序而不虚寄土位于中宫，于以体天地之化，贤于诸家远矣。有滞理而化与物不我肖也，则不得已而为之增减以相就。如八卦配五行者，木二，金二，土二，水火一；不知水火之何以不足，木金土之何以有余也？以五行配四时者，或分季夏以居土，或割四季月之十八日以居土；不知土之何以必主此一月之中与此十八日之内也？抑不知季夏之气、林钟之律，何为当自减以奉土也？唯《素问》“天有一火，地有二火”之说为不然。天主理；理者，名实之辨。均之为火，名同而实未有异，故天著其象，凡火皆火一而已矣。地主气，气则分阴阳之殊矣。阴阳之各有其火，灼然著见于两间，不相䜣合，不能以阴火之气为阳火也。阴火，自然之火也；阳火，翕聚之火也。阴火不丽木而明，不炀金以流，不炼土以坚，不遇水而息；而阳火反是。萤入火则焦，烛触电则灭，反相息矣。故知二火之说，贤于木金土各占二卦之强为增配也。

五运在天而以理言，则可以言性矣。性著而为五德，土德信，金德义，水德知，木德仁，火德礼。信者，人之恒心，自然而成，诸善之长也。恒心者贞，是非之不易而固存者也。是非在我之谓义，是非在物之谓知，知非而存其是、油然不舍之谓仁，仁著于酬酢之蕃变之谓礼，礼行而五德备矣。故恒心者，犹十干之甲、己，五行之土，包孕发生乎四德而为之长也。《论语》谓之识，《易》谓之蕴，《书》谓之念，作圣之始功，《蒙》之所谓“果行育德”也。故通乎《素问》之言天者，可与言德。

蔡伯靖言“水异出而同归，山同出而异归”，非也。水，流者也，故有出有归。山，峙者也，奚以谓之出，奚以谓之归乎？

自宋以来，闽中无稽之游士，始创此说以为人营葬。伯靖父子习染其术，而朱子惑之，亦大儒之疵也。古之葬者，兆域有定，以世次昭穆而附焉。即至后代，管辂、郭璞有相地之说，犹但言形势高下，未指山自某来为龙也。世传郭璞《葬经》一卷，其言固自近理。自鬻术者起，乃窃《禹贡》“导山”之文，谓山有来去。不知“导山”云者，因山通路，启荆榛，平险阻，置传舍尔，非山有流裔而禹为分疏之也。水之有出有归，往者过矣，来者续矣，自此至彼，骎骎以行明矣。若山则亘古此土，亘古此石，洪濛不知所出，向后必无所归，而奚可以出归言之？彼徒见冈脊之容，一起一伏，如波浪之层叠，龙蛇之蜒屈，目荧成妄，犹眩者见空中之花，遂谓此花有植根，有结实，其妄陋可笑，自不待言。如谓有所自起，有所自止，则高以下为基，可云自平地拔起，至于最高之峰而止，必不可云自高峰之脊而下至于丘阜也。海滨，最下者也，必欲为连属之说，海滨为昆仑之祖，非昆仑之行至海滨而尽。一峰之积，四面培壅而成，亦可谓异出而同归矣。水以下为归，山以高为归，不易之理也。况乎踞峰四望，群山杂列于地下，正如陈盂盏于案，彼此之各有其区域而固不相因，明矣。术士之说，但以夸张形似诱不孝之贪夫，以父母之骴骼为媒富贵之资。有王者起，必置之诛而不舍之科。为君子者，如之何犹听其导于迷流邪？

谓“天开于子，子之前无天；地辟于丑，丑之前无地；人生于寅，寅之前无人”；吾无此邃古之传闻，不能征其然否也。谓“酉而无人，戌而无地，亥而无天”；吾无无穷之耳目，不能征其虚实也。吾无以征之，不知为此说者之何以征之如是其确也？考古者，以可闻之实而已；知来者，以先见之几而已。故吾所知者，中国之天下，轩辕以前，其犹夷狄乎！太昊以上，其犹禽兽乎！禽兽不能全其质，夷狄不能备其文。文之不备，渐至于无文，则前无与识，后无与传，是非无恒，取舍无据，所谓饥则呴呴，饱则弃余者，亦植立之兽而已矣。魏、晋之降，刘、石之滥觞，中国之文，乍明乍灭，他日者必且陵蔑以之于无文，而人之返乎轩辕以前，蔑不夷矣。文去而质不足以留，且将食非其食，衣非其衣，食异而血气改，衣异而形仪殊，又返乎太昊以前而蔑不兽矣。至是而文字不行，闻见不征，虽有亿万年之耳目，亦无与征之矣。此为混沌而已矣。

天地之气衰旺，彼此迭相易也。太昊以前，中国之人若麇聚鸟集，非必日照月临之下而皆然也；必有一方焉，如唐、虞、三代之中国也。既人力所不通，而方彼之盛，此之衰而不能征之；迨此之盛，则彼又衰而弗能述以授人，故亦蔑从知之也。以其近且小者推之，吴、楚、闽、越，汉以前夷也，而今为文教之薮。齐、晋、燕、赵，唐、隋以前之中夏也，而今之椎钝驻戾者，十九而抱禽心矣。宋之去今五百年耳，邵子谓南人作相，乱自此始，则南人犹劣于北也。洪、永以来，学术节义，事功文章，皆出荆、扬之产，而贪忍无良、弑君卖国、结宫禁、附宦寺、事仇雠者，北人为尤酷焉。则邵子之言，验于宋而移于今矣。今且两粤、滇、黔，渐向文明，而徐、豫以北，风俗人心，益不忍问。地气南徙，在近小间有如此者。推之荒远，此混沌而彼文明，又何怪乎？《易》曰“乾坤毁则无以见易”，非谓天地之灭裂也；乾坤之大，文不行于此土，则其德毁矣。故曰“黄帝、尧、舜垂衣裳而天下治，盖取诸《乾》《坤》”，则虽谓天开地辟于轩辕之代焉可矣。

# 附　录

# 老子衍

[清]王夫之

## 自　序

昔之注《老子》者，代有殊宗，家传异说，逮王辅嗣、何平叔合之于乾坤易简，鸠摩罗什、梁武帝滥之于事理因果，则支补牵会，其诬久矣；迄陆希声、苏子由、董思靖及近代焦竑、李贽之流，益引禅宗，互为缀合，取彼所谓教外别传者以相糅杂，是犹闽人见霜而疑雪，雒人闻食蟹而剥蟛蜞也。

老子之言曰“载营魄抱一无离”，“大道泛兮其可左右”，“冲气以为和”，是既老之自释矣。庄子曰“为善无近名，为恶无近刑，缘督以为经”，是又庄之为老释矣。舍其显释，而强儒以合道，则诬儒；强道以合释，则诬道；彼将驱世教以殉其背尘合识之旨，而为蠹来兹，岂有既与！

夫之察其悖者久之，乃废诸家，以衍其意；盖入其垒，袭其辎，暴其恃，而见其瑕矣，见其瑕而后道可使复也。

夫其所谓瑕者何也？天下之言道者，激俗而故反之，则不公；偶见而乐持之，则不经；凿慧而数扬之，则不祥。三者之失，老子兼之矣。故于圣道所谓文之以礼乐以建中和之极者，未足以与其深也。

虽然，世移道丧，覆败接武，守文而流伪窃，昧几而为祸先，治天下者生事扰民以自敝，取天下者力竭智尽而敝其民，使测老子之几，以俟其自复，则有瘥也。文、景踵起而迄升平，张子房、孙仲和异尚而远危殆，用是物也。较之释氏之荒远苛酷，究于离披缠棘，轻物理于一掷，而仅取欢于光怪者，岂不贤乎？司马迁曰“老聃无为自化，清净自正”，近之矣。若“犹龙”之叹，云出仲尼之徒者，吾何取焉！

岁在旃蒙协洽壮月乙（编者注：乙原作己）未，南岳王夫之序。

**道可道，非常道；**常道无道。**名可名，非常名。**常名无名。**无名，天地之始；**众名所出，不可以一名名。**有名，万物之母。**名因物立，名还生物。**故常无欲，以观其妙；常有欲，以观其徼。**边际也。**此两者同出而异名，**异观同常，则有欲无欲，非分心以应，居中执常，自致妙徼之观。**同谓之玄，玄之又玄，众妙之门。**（一章）

“可”者不“常”，“常”者无“可”。然据“常”，则“常”一“可”也，是故不废“常”，而无所“可”。不废“常”，则人机通；无所“可”，则天和一。夫既有“始”矣，既有“母”矣，而我聊与“观”之；“观”之者，乘于其不得已也。观于其“异”，则有无数迁；观于其“同”，则有者后起，而无者亦非大始也。然则往以应者见异矣，居以俟者见同矣。故食万物而不尸其仁，入机伪而不逢其锐；知天下之情，不强人以奉己；弃一己之余，不执故以迷新。是以莫能名其功，而字之曰“众妙”。盖其得意以居，开户而历百为之生死者，亦甚适矣夫！

**天下皆知美之为美，斯恶已；皆知善之为善，斯不善已。故有无相生，难易相成，长短相形，高下相倾，声音相和，前后相随。**天下之所可知。**是以圣人处无为之事，行不言之教；**非不令天下知，因其不可知者而已。**万物作焉而不辞，生而不有，为而不恃，功成而不居。夫唯不居，是以不去。**（二章）

天下之变万，而要归于两端。两端生于一致，故方有“美”而方有“恶”，方有“善”而方有“不善”。据一以概乎彼之不一，则白黑竞而毁誉杂。圣人之“抱一”也，方其一与一为二，而我徐处于中；故彼一与此一为垒，乃知其本无垒也，遂坐而收之。垒立者“居”，而坐收者“不去”，是之谓善争。

**不尚贤，使民不争；不贵难得之货，使民不为盗；不见可欲，使心不乱。是以圣人之治，虚其心，**以无用用无。**实其腹，**以有用用有。**弱其志，**善入万物。**强其骨；**植之以俟。**常使民无知无欲，使夫知者不敢为也。为无为，则无不治。**然而物已治矣。（三章）

“争”未必起于“贤”，“盗”未必因于“难得之货”，“心”未必“乱”于“见可欲”。万物块处而梦妄作，我之神与形无以自平，则木与木相钻而热生，水与水相激而沤生；而又为以治之，则其生不息。故阳火进，而既进之位，虚以召阴；阴符退，而所退之物，游以犯阳。夫不有其反焉者乎？“虚”者归“心”，“实”者归“腹”，“弱”者归“志”，“强”者归“骨”，四数各有归而得其乐土，则我不往而治矣。夫使之归者，“谁氏”之子？而执其命者何时也？此可以知争哉，而不知者不与于此。故圣人内以之治身，外以之治世。

**道，冲而用之**“冲”，古本作“盅”，器中虚处。**或不盈，**不期不盈，故或之。**渊兮似万物之宗。挫其锐，解其纷；和其光，同其尘；**阳用锐而体光，阴用纷而体尘。**湛兮似或存。吾不知其谁氏之子，象帝之先。**（四章）

用者无不盈也，其惟“冲而用之或不盈”乎！用之为数，出乎“纷”“尘”，入乎“锐”“光”；出乎“锐”“光”，入乎“纷”“尘”。唯冲也，可锐，可光，可纷，可尘，受四数之归，而四数不留。故盛气来争，而寒心退处，虽有亢子，不能背其宗；虽有泰帝，不能轶其先。岂尝歆彼之俎豆，而竞彼之步趋哉？似而象之，因物之不能违，以为之名也。

**天地不仁，以万物为刍狗。圣人不仁，以百姓为刍狗。天地之间，其犹橐籥乎！虚而不屈，**屈然后仁。**动而愈出。**出已必穷。**多言数穷，**仁则必言。**不如守中。**（五章）

风生于空，橐待于鼓，相须以成，而器原非用。故同声不必其应，而同气不必其求。是以天不能生，地不能成，天地无以自擅，而况于万物乎？况于圣人乎？设之于彼者，“虚而不屈”而已矣。道缝其中，则鱼可使鸟，而鸟可使鱼，仁者不足以似之也。仁者，天之气，地之滋，有穷之业也。

**谷神不死，**吕吉甫曰：有形与无形合而不死。**是谓玄牝。**吕吉甫曰：体合于心，心合于气，气合于神，神合于无，合则不死，不死则不生，不生者能生生，是之谓玄牝。**玄牝之门，是谓天地根；绵绵若存，用之不勤。**（六章）

世之死“谷神”者无限也，登山而欲弋之，临渊而欲钓之，入国而欲治之,行野而欲辟之。而"谷神"者不容死也,可弋,可钓,可治,可辟,而不先物以为功。畴昔之天地,死于今日;今日之天地,生于畴昔;源源而授之,生故无已,而谓之根。执根而根死,因根而根存。"绵绵"若缀乎!"不勤"若废乎!因根以利用者,启"玄牝之门"乎!

**天长地久。天地所以能长且久者,以其不自生,**不自生物。**故能长生。**物与俱长。**是以圣人后其身而身先,外其身而身存。非以其无私邪?故能成其私。**(七章)

夫胎壮则母羸,实登则茎获,其不疑天地之羸且获者鲜也。乃天地不得不食万物矣,而未尝为之食。胎各有元,荄各有蕾,游其虚中,而究取资于自有。圣人不以身犯难,是后之也;不以身入中,是外之也。食万物而不恩,食于万物而万物不怨。故无所施功,而功灌于苴卤;无所期德,而德行于曾玄;而乃以配天地之长久。

**上善若水。水善利万物而不争,处众人之所恶,**人情好高而恶下。**故几于道;居善地,心善渊,与善仁,言善信,政善治,事善能,动善时。**不著其善,故善。**夫唯不争,故无尤。**(八章)

五行之体,水为最微。善居道者,为其微,不为其著;处众之后,而常得众之先。何也?众人方恶之,而不知其早至也。逆计其不争而徐收之,无损而物何争?而我何尤?使众人能知其所恶者之为善,亦将群争之矣。然而情之所必不然也,故圣人擅利。

**持而盈之,**持之使盈。**不如其已;揣而锐之,**揣之使锐。**不可长保。金玉满堂,莫之能守;**固当以不守守之。**富贵而骄,自**

**遗其咎。功成名遂身退，天之道**。（九章）

善盈者唯谷乎！善锐者唯水乎！居器以待，而无所持也。顺势以迁，而未尝揣也。故方盈，方虚，方锐，方锌。其不然也，以天为成遂，而生未息；以天为退，而气未缩；何信乎？故鸱夷子皮之遁，得其迹也；郭子仪之晦，得其机也；许繇、支父之逝也，得其神也。迹者，以进为进，以退为退。机者，方进其退，方退其进。其唯神乎！无所成而成，无所遂而遂也。虽然，其有退之迹也，神之未忘乎道，道之未降处乎机也。

**载营魄**营魄者，魂也。载者，魄载之。**抱一，**三五一。**能无离乎？专气致柔，能婴儿乎？涤除玄览，能无疵乎？爱民治国，能无为乎？天门开阖，**生之所自出为天门。**能为雌乎？**化至乃受之。**明白四达，能无知乎？生之畜之，生而不有，为而不恃，长而不宰，是谓玄德**。（十章）

载，则与所载者二，而离矣。专之，致之，则不婴儿矣。有所涤，有所除，早有疵矣。爱而治之，斯有为矣。阖伏开启，将失雌之半矣。明白在中，而达在四隅，则有知矣。此不常之道，倚以为名，而两俱无猜，妙德之至也。

**三十辐共一毂，当其无，**毂中空处。**有车之用。埏埴以为器，当其无，**盂中空处。**有器之用。凿户牖以为室，当其无，**户窦空处。**有室之用。故有之以为利，无之以为用**。吴幼清曰：有气以存身，无物以生气。（十一章）

造有者，求其有也。孰知夫求其有者，所以保其无也？经营以有，而但为其无，岂乐无哉？无者，用之藏也。物立乎我前，固非我之所得执矣。象数立于道前，而道不居之以自碍矣。阴凝阳融以为人，而冲气俱其间；不倚于火，不倚于符者遇之。仁义刚柔以为教，而大朴俱其间；不倚于性，不倚于情者遇之。胜负得失以为变，而事会俱其间；不倚于治，不倚于乱者遇之。故避其坚，攻其瑕，去其名，就其实，俟之俄顷，而万机合于一。

**五色令人目盲，五音令人耳聋，五味令人口爽，驰骋田猎令人心发狂，难得之货令人行妨。是以圣人为腹不为目，故去彼取此。**（十二章）

目以机为机，腹以无机为机。机与机为应，无机者，机之所取容也。处乎目与腹之中者，心也。方且退心而就腹，而后可以观物。是故浊不可使有心，清不可使有迹。不以礼制欲，不以知辨志，待物自敝而天乃脱然。

**宠辱若惊，贵大患若身。何谓"宠辱若惊"？宠为下，**辱至则惊，去则洒然矣。宠至则惊，去之又惊，故较之尤劣。**得之若惊，失之若惊，是谓宠辱若惊。何谓"贵大患若身"？吾所以有大患者，为吾有身。及吾无身，吾有何患？故贵以身为天下者，可以寄天下；爱以身为天下者，可以托天下。**（十三章）

众人纳天下于身，至人外其身于天下。夫不见纳天下者，有必至之忧患乎？宠至若惊，辱来若惊，则是纳天下者，纳惊以自滑也。大患在天下，纳而贵之与身等。夫身且为患，而贵患以为重累之身，是纳患以自梏也。唯无身者，以耳任耳，不为天下任听；以目任目，不为天下任视；吾之耳目静，而天下之视听不荧；惊患去己，而消于天下，是以为百姓履藉而不倾。

**视之不见，名曰希；听之不闻，名曰夷；抟之不得，名曰微**。固自有色声形之常名，故曰三者。**此三者，不可致诘，**繇后则有，诘之则无。**故混而为一**。李约曰：一尚不立，何况于三？**其上不皦，**未有色声形以前，不可分晰。**其下不昧，**逮有色声形以后，反而溯之，了然不昧。**绳绳兮不可名，**有无相禅相续，何有初终？名有则失无，名无则失有。**复归于无物。是谓无状之状，无物之象，是谓惚恍。迎之不见其首，随之不见其后；执古之道，以御今之有**。古亦始也，今亦有也。李约曰：虚其心，道将自至，然后执之以御群有。**能知古始，是谓道纪**。（十四章）

物有间，人不知其间；故合之，背之，而物皆为患。道无间，人强分其间；故执之，别之，而道仅为名。以无间乘有间，终日游，而患与名去。患与名去，斯"无物"矣。夫有物者，或轻，或重；或光，或尘；或作，或止；是谓无纪。一名为阴，一名为阳，而冲气死。一名为仁，一名为义，而太和死。道也者，生于未阴未阳，而死于仁义者与！故离朱不能察黑白之交，师旷不能审宫商之会，庆忌不能攫空尘之隙，神禹不能皙天地之分。非至常者，何足以与于斯！

**古之善为士者，微妙玄通，深不可识。夫唯不可识，故强为之容：豫兮若冬涉川，犹兮若畏四邻，俨若客，**吕吉甫曰：不为主也。**涣若冰将释；敦兮其若朴，旷兮其若谷，浑兮其若浊。孰能浊以澄？静之徐清。孰能安以久？动之徐生。保此道者不欲盈。夫唯不盈，故能敝、不新、成**。邵若愚曰：能敝，能不新，能成。（十五章）

择妙者众，繇微而妙者鲜。求通者多，以玄为通者希。夫章甫不可以适越，而我无入越之心，则妙不在冠不冠之中，而敢以冠尝试其身乎？而敢以不冠尝试其首乎？又恶知夫不敢尝试者之越不为我适也？坐以消之，则冰可燠，浊可清，以雨行而不假盖，以饥往而不裹粮。其徐俟之也，岂果有黄河之不可澄，马角之不可生哉？天下已如斯矣，而竞名者以折锐为功。久矣，其弃故喜新而不能成也！

**致虚极，**《开元疏》云：致者令必自来，如《春秋》致师之致是已。**守静笃；万物并作，吾以观其复。夫物芸芸，各归其根；归根曰静，**非我静之。**静曰复命；复命曰常，**不可复渝变。**知常曰明。不知常，妄作，凶。知常，容；**万变可函。**容乃公，**不私据善。**公乃王，**受物之往。**王乃天，天乃道，道乃久，殁身不殆。**（十六章）

最下击实，其次邀虚。最下取动，其次执静。两实之中，虚故自然；众动之极，静原自复；不邀不执，乃极乃笃。何以明其然也？万物并作，而芸芸者，势尽而反其所自来也。是故邓林之叶，可无筹而数；千里之雨，可无器而量。犹舍是而有作，其不谓之妄乎？故无所有事，而天下为我用，其道不用作而用观。观，目也。观而不作，目亦腹矣。

**太上，不知有之；其次，亲之，誉之；其次，畏之；其次，侮之。信不足，有不信，犹兮其贵言。**于己不自信，乃不信天下之固然。且不知惩而尚言，是以召侮。**功成事遂，百姓皆谓我自然。**（十七章）

据道于此，疑彼之亦道；据道于彼，疑此之非道。既从而异之，又从而同之，则道乱于二，而苦于一。且乱，且苦，其疑不去。既自以为疑矣，故王者见不亲而忧，霸者遇不畏而怖。其疑不释，遂救之以要言；故始乎诅盟，而终乎甲胄。夫使人忘我于自然者，岂其心有不自然哉？信天下之不能越是也，任其迁流而不出于所自来，不爽于所自复，虚赘于天下之上，以待物之自成。是以天下之情，不可因，不可革；太上之治，无所通，无所塞。如老人之师，如尽人之力，而人乃废然而称之曰自然。

**大道废，有仁义；智慧出，有大伪；六亲不和，有孝慈；国家昏乱，有忠臣**。王介甫曰：道隐于无形，名生于不足。李息斋曰：道散则降而生非，伪胜则反而贵道；方其散则见其似而忘其全，及其衰则荡然无余而贵其似，此其所以每降而愈下也。(十八章)

栝棬成于匠，而木死于山；罂盎成于陶，而土死于丘。其器是也，而所以饮天地之和者去之也。夫土木且有以饮，而况于人乎？而况于道乎？故利在物而害在己，谓之不全；善在己而败在物，谓之不公。

**绝圣弃智，民利百倍；绝仁弃义，民复孝慈；绝巧弃利，盗贼无有。此三者以为文，不足**，吕吉甫曰：文而非质，不足而非全。**故令有所属：见素抱朴，少私寡欲**。(十九章)

“绵绵若存”，其有所属乎！故鱼游而水乘之，鸟飞而空凭之。含天下之文者，莫大乎素；资天下之不足者，莫大乎朴。以为有，而固未亲乎用；以为无，而人与天之相亲者在此也。缀乎和以致生，是以能长生。离乎和以专用，是以无大用。

**绝学，无忧。唯之与阿，相去几何？善之与恶，相去何**

**若？人之所畏，不可不畏，荒兮其未央哉！众人熙熙，如享太牢，如登春台；我独怕**葩亚切，无为也。**兮其未兆，如婴儿之未孩，乘乘兮无所归。众人皆有余，而我独若遗。我愚人之心也哉，忳忳兮！俗人昭昭，我独若昏；俗人察察，我独闷闷。忽兮若晦，寂兮似无所止；众人皆有以，我独顽似鄙；我独异于人，而贵食母。**苏子繇曰：譬如婴儿，无所杂食，食于母而已。（二十章）

善恶相倾，繇学而起，故效仁者失智，效智者失仁。既争歧之，又强合之，方且以为免于忧，而孰知一彼一此者之相去不远也？则揖让亦唯，而征伐亦阿也。情各封之，取快一区；故饫于大牢，不飱他味；厌于春游，不愿他观。口目之用一，而所善者万；心一，而口目之用万；安能役役以奔其趣舍哉？其唯食于母乎！食于母者，不得已而有食，而未尝有所不得已也。故荒未央者可尽，而顽鄙可居。虽然，其所食者虚也，因也。天下畏不仁，而我不敢暴；天下畏不智，而我不敢迷。以雪遁者，唯恐以迹；以棘行者，唯恐以罥。蟺蜿轻微，而后学可绝；学可绝，而后生不损而物不伤。

**孔德之容，唯道是从。道之为物，惟恍惟惚。惚兮恍兮，其中有象；恍兮惚兮，其中有物；窈兮冥兮，其中有精；其精甚真，其中有信。自古及今，其名不去，以阅众甫。**王辅嗣曰：阅自门而出者，一一而数之，言道如门，万物皆自此往也。**吾何以知众甫之然哉？以此。**（二十一章）

两者相耦而有“中”。“恍惚”无耦，无耦无“中”。而恶知介乎耦，则非左即右，而不得为“中”也？“中”者，入乎耦而含耦者也。虽有坚金，可锻而液；虽有积土，可漂而夷；然则金土不能保其性矣。既有温泉，亦有寒火；然则水火不能守其真矣。不铣而坚于金，不厚而敦于土，不暄而炎于火，不润而寒于水者，谁耶？阅其变而不迁，知其然而不往；故真莫尚于无实，信莫大于不复，名莫永于彼此不易，而容莫美于万一不殊。私天之机，弃道之似，夫乃可字之曰“孔德”。

**曲则全，枉则直；洼则盈，敝则新；少则得，多则惑。**虽立对待，固尚往来。**是以圣人抱一，为天下式。不自见，故明；不自是，故彰；不自伐，故有功；不自矜，故长。夫唯不争，故天下莫能与之争。古之所谓曲则全者，岂虚言哉？诚全而归之。**（二十二章）

事物之数，有来有往。迎其来，不如要其往；追其往，不如俟其来。而以心日察察于往来者，则非先时，而即后时。先既失后，后又失先，劳劳而愈不得；故小智日见其余，大智日见其不足。大道在中，如捕亡子而丧家珍，瞀然介马以驰，终日而不遇，则多之为惑久矣。一曰冲，冲曰常。守常，用冲，养曲为全，明于往来之大数也。

**希言自然。飘风不终朝，骤雨不终日。孰为此者？天地。天地尚不能久，而况于人乎？故从事于道者，道者同于道，德者同于德，失者同于失。同于道者，道亦乐得之；同于德者，德亦乐得之；同于失者，失亦乐得之。信不足，有不信。**唯真知道，则一切皆信为自然。（二十三章）

天地违其和，则能天，能地，而不能久。人违其和，则能得，能失，而不能同。畅于阳，郁于阴；畅于阴，郁于阳。言过则跲，乐极则悲；一心数变，寝寐自惊。不知广大一同，多所不信，坐失常道，何望自然哉？凡道皆道，凡德皆德，凡失皆失。道德乐游于同，久亦奚渝？喜怒不至，何风雨之愆乎？

**跂者不立，跨者不行；自见者不明，自是者不彰；自伐者无功，自矜者不长；其在道也，曰余食赘行**。行、形通。**物或恶之，故有道者不处**。（二十四章）

心弥急者机弥失，是弥坚者非弥甚。前机已往，追而缀之，如食已饫而更设。后机未至，强而属之，如形已具而更骈。道数无穷，执偏执余以尽之，宜其憎乎物，而伤乎己也。

**有物混成，先天地生；寂兮寥兮，独立而不改，周行而不殆**，钟士季曰：廓然无耦曰独立，古今常一曰不改，无所不在曰周行，所在皆通曰不殆。**可以为天下母**。可以为者，天下推之而不歉也，非有心于天下。**吾不知其名**，不可名，故不知。**字之曰道，强为之名曰大。大曰逝，逝曰远，远曰反。故曰：道大，天大，地大，王亦大。域中有四大，而王居其一焉。人法地，地法天，天法道，道法自然**。（二十五章）

形象有间，道无间。道不择有，亦不择无，与之俱往。往而不息于往，故为逝，为远，与之俱往矣。往而不悖其来，与之俱来，则逝远之即反也。道既已如斯矣，法道者亦乘乘然而与之往来。而与之往来者，守常而天下自复，盖不忧其数而不给矣。"载营魄，抱一而不离"，用此物也。近取之身，为艮背而不为机目；远取之天地，为大制而不为刓割；故可以为天下王。

**重为轻根，静为躁君**。韩非曰：制在己曰重，不离位曰静。

吕吉甫曰：迫而后动，感而后应，不得已而后起，则重矣；无为焉，则静矣。**是以圣人终日行，不离辎重；虽有荣观，燕处超然。奈何万乘之主而以身轻天下！轻则失根，躁则失君**。（二十六章）

有根则有茎，有君则有臣。虽然，无宁守其本乎！一息之顷，众动相乘，而不能不有所止。道不滞于所止，而因所止以观，则道之游于虚，而常无间者见矣。惟不须臾忍，而轻以往，则应在一而违在万，恩在一隅而怨在三隅，倒授天下以柄，而反制其身。故夏亡于牧宫之造，周衰于征汉之舟。以仁援天下而天下溺，以义济天下而天下陷，天下之大，荡之俄顷，而况吾身之内仅有之和乎？

**善行，无辙迹；善言，无瑕谪**；善行不蹠实，善言不执美。**善计，不用筹策**；筹策得小忘大。**善闭，无关楗而不可开**；吕吉甫曰：我则不辟，孰能开之？**善结，无绳约而不可解**。无系无离，如母之于子。**是以圣人常善救人，故无弃人；常善救物，故无弃物；是谓袭明。故善人，不善人之师；不善人，善人之资。不贵其师，不爱其资，虽知大迷，是为要妙**。（二十七章）

我之有明，非明也，又况投明于物，絜其长短以为耀乎？故鸟窒于实，蚓困于空，鱼穷于陆，固其获，而未知不得者之可为得也。我欲胜之，勿往絜之。万物饰其形以相求，或逃其美以相激，咸潜测其根柢，掩而有之，则物投我而我不投物。众实求给，一虚无间，故善恶之意消，而言行闭结之所摄者，要妙不可窥矣。

**知其雄，守其雌**，吕吉甫曰：和而不倡。**为天下谿；为天下谿，常德不离，复归于婴儿。知其白，守其黑，为天下式；为天**

**下式，常德不忒，复归于无极**。无不极而无极。**知其荣，守其辱，为天下谷；为天下谷，常德乃足，复归于朴**。吕吉甫曰：守之以为母，知之以为子。**朴散则为器，圣人用之则为官长**，用其未散。**故大制不割**。（二十八章）

或雄或雌，或白或黑，或荣或辱，各有对待，不能相通，则我道盖几于穷，而我之有知有守亦不一矣。知者归清，守者归浊，两术剖分，各归其肖，游环中者可知已。然致意于知矣，而收功于守，则何也？宾清而主浊，以物极之必反，反者之可长主也。故婴儿可壮，壮不可稚；无极可有，有不可无；朴可琢，琢不可朴。然圣人非于可不可斤斤以辨之。环中以游，如霖雨之灌蚁封，如原燎之灼积莽，无首无尾，至实至虚，制定而清浊各归其墟，赫然大制而已矣。虽然，不得已而求其用，则雌也，黑也，辱也，执其权以老天下之器也。

**将欲取天下而为之，吾见其不得已。天下，神器**，天下虽器也，神常流荡之。**不可为也。为者败之，执者失之。故物或行或随，或呴或吹，或强或羸，或载或隳**。皆神使之然。**是以圣人去甚，去奢，去泰**。（二十九章）

天下在我，吾何取？我在天下，吾何为？天下如我，吾何欲？我如天下，吾何执？以我测天下，天下神。以天下遇我，天下不神。不神者使其神，而天下乱。神者使其不神，而我安。故穷天下以八数，而去我之三死，则炎火焚林而可待其寒，巨浸滔天而可视其暵。水火失其威，金石丧其守，况有情之必穷而有气之必缩者哉？

**以道佐人主者，不以兵强天下。其事好还：师之所处，荆**

**棘生焉；大兵之后，必有凶年。善者果而已，不敢以取强。果而勿矜，果而勿伐，果而勿骄，果而不得已，果而勿强。**虽在必用兵之时，祸发必克，犹当以五者居心。**物壮则老，是谓不道，不道早已。**（三十章）

最下用兵以杀，其上用兵以生。夫以生生者且赘，而况杀生乎？人未尝不生，而我何功？又况夫功之门为害之府也？人未尝不生，不能听其生；物未尝不杀，不能待其杀。须臾之不忍，而自命为果，不已诬乎？故善禁暴者，俟其消，不摧其息；善治情者，塞其息，不强其消；善贵生者，持其消息之间，不犯其消息之冲；虽有患，不至于早已。

**夫佳兵者不祥之器，物或恶之，故有道者不处。君子居则贵左，用兵则贵右。兵者不祥之器，非君子之器；不得已而用之，恬淡为上。胜而不美，而美之者，是乐杀人。夫乐杀人者，不可以得志于天下矣。吉事尚左，凶事尚右；偏将军处左，上将军处右；言居上势，则以凶礼处之；杀人众多，以悲哀泣之；战胜，以丧礼处之。**（三十一章）

与其悲之于后，何如忘之于先；与其以凶礼居功，何如以吉道处无功之地。不能先机，不能择吉，不能因间以有余，所谓"彼恶知礼意"者也。

**道常无名。**王辅嗣曰：道无形不系，常不可名。**朴虽小，天下不敢臣。侯王若能守，万物将自宾。天地相合以降甘露，人莫之令而自均。始制有名，名亦既有，夫亦将知止，知止所以不殆。譬道之在天下，犹川谷之于江海。**川谷能成江海，江海不能反川谷。道散而为天下，天下不能反而为道。（三十二章）

因于大始者无名，止于已然者有名。然既有名而能止之，则前名成而后名犹不立，过此以往，仍可为大始。天地，质也；甘露，冲也；升于地而地不居功，降自天而天不终有，是既止以后之自然，且莫令而自均，后天之冲，合于先天，况夫未始有夫有止者乎？

**知人者智，自知者明；胜人者有力，自胜者强；知足者富，强行者有志；不失其所者久，死而不亡者寿**。富者不必有志，有志者不能乎富。久者有极，寿者无终。（三十三章）

以气辅气，以精辅精，自谓"不失其所"，而终归于敝，岂但单豹之丧外，张毅之丧内哉？盖智揣力持以奔其志，有"所"而不能因自然之"所"于无所失也。夫见其精气之非有余，可谓之死；而其中之婉如处女萦如流云者、微妙玄通者未尝亡也。非真用其微明，以屈伸于冲和之至，若抱而不离者，何足以与于斯哉？故有虞氏之法久，而泰氏之道寿；中士之算长，而有道者之生无极。言此者，以纪重玄之绩也。

**大道泛兮，其可左右；万物恃之以生而不辞，功成不名有**。**爱养万物而不为主，常无欲，可名于小；万物归焉而不知主，可名于大**。**是以圣人终不为大**，可名而不为曰终不为。**故能成其大**。（三十四章）

谁能以生恩天地乎，则谁能以死怨天地。天地者，与物为往来而聊以自寿也。天地且然，而况于道？荒荒乎其未有畔也，脉脉乎其有以通也；故东西无方，功名无系，宾主无适，己生贵而物生不逆。诚然，则不见可欲，非以窒欲也；迭与为主，非以辞主也。彼亟欲成其大者，恶足以知之！

**执大象，天下往，往而不害，**吕吉甫曰：虽相忘于道术，而未尝相离。**安平泰。乐与饵，过客止。道之出口，淡乎其无味，视之不足见，听之不足闻，用之不可既。**（三十五章）

蛇之制在项，人之制在限。系其项，则废其螫；"艮其限"，则"列其夤"矣。其象甚微，制之甚大。故清虚者物之凑，而重浊者物之司也。不弃其司，不奔其凑；于空得实，于实得空；扼其重浊，以致其清虚。尝试念之：乐作饵熟，则虽有遄行之客，而游情以止，非以其归于情耶？所谓"常有欲以观其徼"也。然项之与限，非有情者也。无情者不可强纳有情以为之主，则冲淡晦寂而用无方，斯亦无欲之至矣。始乎重浊，反乎清虚；得乎清虚，顺乎重浊；有欲无欲，而常者未有变焉；斯执大象者之所独得与！

**将欲歙之，必固张之；将欲弱之，必固强之；将欲废之，必固兴之；将欲夺之，必固与之；**固者，表里坚定，终始不异。**是谓微明。**王元泽曰：鬼神之幽将不能窥，而况于人？**柔胜刚，弱胜强。鱼不可脱于深渊，邦之利器不可以示人。**李息斋曰：此圣人制心夺情之道。（三十六章）

函道可以自适，抱道可以自存，其如鱼之自遂于渊乎！有倚有名，唯恐不示人，则道滞而天下测其穷。无门无毒，物望我于此而已。不以此应之，则天下其无如我何矣。无如我何，而天下奚往？是故天下死于道，而道常生天下，用此器也。

**道常无为，而无不为。侯王若能守，万物将自化。化而欲作，吾将镇之以无名之朴。无名之朴，亦将不欲；不欲以静，天下将自正。**化者归徼，正者归妙。（三十七章）

藏朴者，终古而有器之用；见朴者，用极于器而止矣。故无名与有名为侣，而非能无也。畏其用而与有名为侣，故并去其欲。婴城以守国者，不邀折冲之功；闭阁以守身者，不为感帨之拒；知物之本正，而不敢正之以化也。其为道也，测之于重玄而反浅，阌之于妙门而反深。以为无用，而有用居然矣；以为有用，而无用居然矣。终日散而未始不盈，微息通而蠕然似有。两垒立而善守其间，两端驰而善俟其反，则朴又何足言，而玄又何足以尽之哉？

**上德不德，是以有德；下德不失德，是以无德。上德无为而无以为，下德为之而有以为；**为之于无曰无以为，为之于有曰有以为。**上仁为之而无以为，上义为之而有以为；上礼为之而莫之应，则攘臂而仍之。故失道而后德，失德而后仁，失仁而后义，失义而后礼。夫礼者，忠信之薄而乱之首也；前识者，**明非在内，取前境而生，谓之前识。**道之华而愚之始也。是以大丈夫处其厚，不处其薄；**锐而捷得名者为薄，退而养众始者为厚。**居其实，不居其华；故去彼取此。**（三十八章）

虎豹之行，进而前，则不能顾其却。新木之植，盛其华，则不能固其根。然不能无所前矣，无已，其以朴者前乎！前者犯难，却者观变。以犯难者，敦重而不惊；以观变者，因势而徐辨。故不以识之锐抵天下之巇。何也？以失之乐取夫美名而昵之，以背众美之涵也，是德、仁、义、礼之可名而不常者也。故出而逾华，反而逾薄。唯先戒其前者，为能不德而德，无为以为。严君平云："至至而一不存。"岂不存哉？诚无以存之。

**昔之得一者：天得一以清，地得一以宁，神得一以灵，谷**

**得一以盈，**谷虚而受万，故曰盈。**万物得一以生，王侯得一以为天下贞。其致之一也：天无以清，将恐裂；地无以宁，将恐发；神无以灵，将恐歇；谷无以盈，将恐竭；万物无以生，将恐灭；侯王无以贞，而贵高将恐蹶。故贵以贱为本，高以下为基。是以王侯自谓孤寡不穀，此其以贱为本邪！非乎？故致数舆，无舆；不欲琭琭如玉，落落如石。**李息斋曰：轮盖辐轸，会而为车，物物有名，而车不可名。仁义礼智，合而为道，仁义可名，而道不可名。苟有可执，使其迹外见，贵者如玉，贱者如石，可以指名，而人始得贵贱之矣。（三十九章）

愚者仍乎"一"，而不能"以"；智者日"以"之，而不能"一"。"以"者失"一"也，不"一"者无"以"也。"一"含万，入万而不与万为对。"以"无事，有事而不与事为丽。而况可邀，而况可执乎？是以酒熟而酤者至，舍葺而行者休。我不"得一"，而姑守其浊，以为之筐橐，而后"一"可"致"而不拒。夫贵贱高下之与"一"均，岂有当哉？乃贵高者功名之府，而贱下者未有成也。功立而不相兼，名定而不相通，则万且不尽，而况于"一"？故天地之理亏，而王侯之道丧。以大"舆"载天下者，知所取舍久矣。

**反者，道之动；**方往方来之谓反。气机物化，皆有往来，原于道之流荡，推移吐纳，妙于不静。**弱者，道之用。**坚强则有倚而失用，非道也。道之用，以弱动而已。**天下之物，生于有；有，生于无。**道息于无，非反乎？迭上者，非动乎？赵志坚曰：物虽未形，已有是气。天地万物从一气而生，一气从道而生。（四十章）

流而或盈，满而或止，则死而为器。人知器之适用，而不知其死于器也。若夫道，含万物而入万物，方往方来，方来方往，蜿蟺希微，固不穷已。乃当其排之而来则有，当其引之而去，则托于无以生有，而可名为无。故于其"反"观之，乃可得而觌也。其子为光，其孙为水，固欲体其用也实难。夫迎来以强，息往以弱，致"用"于"动"，不得健有所据，以窒生机之往来；故用常在"弱"，而道乃可得而"用"也。"动"者之生，天之事。"用"者之生，人之事。天法道，人法天，而何有于强？然而知道体之本动者鲜矣。唯知"动"则知"反"，知"反"则知"弱"。

**上士闻道，勤而行之；中士闻道，若存若亡；下士闻道，大笑之。不笑，不足以为道。故建言有之：明道若昧，进道若退，夷道若类，**在牛为牛，在马为马，类也。我道大似不肖，何类之有？然唯非马非牛，而亦可马可牛，何不类之有？**上德若谷，大白若辱，广德若不足，建德若偷，质真若渝；大方无隅，**吕吉甫曰：沦于不测，反于大通。**大器晚成，大音希声，大象无形。道隐无名；**常名不可名。**夫唯道，善贷且成。**（四十一章）

有善贷者于此，则人将告贷焉，而彼非执物以赐之也。夫道，亦若是而已矣；然我未见物之告贷于道也。何也？物与道为体，而物即道也。物有来有往，有生有反，日饮于道，而究归于未尝或润；日烛于道，而要反于未之有明。无润无明，物之小成；不耀不流，道用自极。故欲勤，而莫致其力；欲行，而不见其功。盖"昧""退""辱""偷"之名，非虚加之也。然而受之不辞者，且得不谓之上士乎？

**道生一，**冲气为和。**一生二，**既为和矣，遂以有阴阳。冲气与阴阳为二。二生三，阴阳复二而为三。**三生万物。万物负阴而抱阳，冲气以为和。人之所恶，惟孤寡不毂，而王公以为称。故物或损之而益，或益之而损。人之所教，我亦教之；**至道不在言，感触可尔。**强梁者不得其死，吾将以为教父。**（四十二章）

当其为道也，函"三"以为"一"，则生之盛者不可窥，而其极至少。当其为生也，始之以"冲气"，而终之以"阴阳"。阴阳立矣，生之事繁，而生之理亦竭矣。又况就阴阳之情才，顺其清以贪于得天，顺其浊以坚于得地，旦吸夕餐，呕酌充闷以炫多，而非是则恶之以为少，方且阴死于浊，阳死于清，而讵得所谓"和"者而仿佛之乎？又况超于"和"以生"和"者乎？有鉴于此，而后知无已而保其少，"损"少致"和"，损"和"得"一"。夫得"一"者无"一"，致"和"者无致。散其党，游其宫，阴阳在我，而不叛其宗，则"益"之最盛，何以加哉！

**天下之至柔，驰骋天下之至坚；无有入于无间。吾是以知无为之有益。不言之教，无为之益，天下希及之。**（四十三章）

适燕者北驰，适粤者南骋；而无适之驾，则常得其夷而无所阻，轹践百为而无所牾。以觿解者，不能解不纠之结；以斧析者，不能析无理之薪。苟知实之有虚，因而袭之，则讦距万变，而我志无不得。夫炫其"坚"而修备，测其"间"而抵隙者多矣，道之所以终隐于"可道"也。

**名与身孰亲？身与货孰多？得与亡孰病？是故甚爱必大费，多藏必厚亡。知足不辱，知止不殆，**薛君采曰：乐今有之已

多，无求奚辱？惧后益之有损，知几奚殆？**可以长久**。（四十四章）

所谓至人者，岂果其距物以孤处哉？而坐视其变，知我之终无如物何，而物亦终无如我何也。故“辱”有自来，而“辱”或无自来；“殆”有自召，而“殆”或不召而至。然而以“身”捷得其眚而受其“名”，则不如无居之为愈也。故谓之善爱“名”而善居“货”，善袭“得”而善遣“亡”。“得”之于“身”，听然以消阴阳之沴；得之于天下，泮然以毙虎兕之威。

**大成若缺，其用不敝；大盈若冲，其用不穷。大直若屈，大巧若拙，大辩若讷。躁胜寒，静胜热，**胜音升。叶梦得曰：知其所胜，孰往而不可为？**清静为天下正**。为天下正，则天下自正。若欲正天下，益其寒热矣。（四十五章）

阴阳交而人事烦，人事烦而功名著。故喜于有为者，其物之盈而往附之。已盈而往附焉，必损于己，遂思以胜之；我见其寒而趋火，热而饮冰，徒自困也。彼岂乐有此患哉？始亦以附彼者之易于求盈，而不知其至此也。而早啬于己，不惊于物，则阴阳方长，而不附之以为功名。始于不依，终于不竞，天下正矣，而我若未有功。故貌见不足，而实享其有余。诚享矣，而又奚恤于貌之不足？

**天下有道，却走马以粪；天下无道，戎马生于郊。罪莫大于可欲，祸莫大于不知足，咎莫大于欲得。故知足之足，常足矣**。（四十六章）

祸发于方寸，福隐于无名。一机之动如蚁穿，而万杀之争如河决。故有道者，不为福先，而天下无祸。岂强窒之哉？明于阴阳之亢害，而乐游于大同之圃，安能以己之已知，犯物之必害者乎？

**不出户，知天下；**章安曰：出户则离此而有知。**不窥牖，见天道**。章安曰：窥牖则即彼而有见。**其出弥远，其知弥少。是以圣人不行而知，不见而名，不为而成**。（四十七章）

道盈于向背之间。有所向，斯有所背矣。无所向，无所背，可名之中。乃使人贸贸然终日求中而不得，为天下笑。无已，姑试而反之。反非中也，而渐见其际。有欻乎，如光之投隙；有约乎，如丝之就络。物授我知而我不勤，乃知昔之逐亡子而追奔马者，劳而愚矣。非然，则天下岂有"不行而知，不见而名，不为而成"者哉？

**为学日益，为道日损。损之又损，以至于无为，无为而无不为矣。故取天下，常以无事；及其有事，不足以取天下**。天下不可取，繇天下之与我谓之取尔。（四十八章）

损于有者，益于无。去其所取，全其未有取。未有取，则未有失。故宾百为，而天下来宾。犹且詹詹然以前识之得为墨守，则日见益而所失者积矣。故月取明于日，明日生而真月日死。安能舍此无尽藏，以取恩于天下之耳目哉？夫天下无穷，取者恩而失者怨，取者得而失者丧，此上礼之不免于攘臂，而致数舆之无舆也。

**圣人无常心，以百姓之心为心：善者吾善之，不善者吾亦善之，德善矣；信者吾信之，不信者吾亦信之，德信矣。圣人在天下，歙歙为天下浑其心，百姓皆注其耳目，圣人皆孩之**。（四十九章）

即有圣人，岂能使天下之皆孩邪？一生二而有阴阳，有阴阳而有性情，有性情而有是非。夫性情之凝滞以干阴阳之肖者而执之，将遂以为常乎？常于此者，不常于彼矣。唯执大常以无所常，故恣阳亢阴凝之极，而百姓可坐待其及。我为焦土，百姓为灌潦；我为和风，百姓为笙竽。有渍而不受，有声而不留，则善之来投，若稚子学语于翁妪之侧，而况夫不善之注耳目者乎？呜呼！天下之有目而注者多矣，与之为目者，则亦注也。圣人不为目，而天下自此孩矣。

**出生入死。生之徒十有三；死之徒十有三；人之生，动之死地者，亦十有三。**苏子繇曰：生死之道九，而不生不死之道一。**夫何故？以其生生之厚。盖闻善摄生者，陆行不遇兕虎，入军不避甲兵；则兕无所投其角，虎无所措其爪，兵无所容其刃。夫何故？以其无死地。**（五十章）

有死地，无生地。无地为生，有地为死。试效言之矣。人之生也，神舍空而即用，形拔实以营虚，非其出乎？迨气与空为宅，形与壤为质，则死者非其入乎？虽然，既有生矣，遂以其出者为可继也，引绪旁生，据地而游，则死固死于静，生亦死于动。死于动者，能不静，而不能静于动也。静于动，则动于静，动静两用而两不用。静于动，则动可名为静；可名为静，静亦乐得而归之；所谓“守静笃”者此也。动于静，则静可名为动；可名为动，静与周旋而不死；所谓“反者道之动”者此也。故有地者三，无地以为地者三，骛于地不地而究以得地者三。此自九而外，一之妙所难言与！然而摄生者其用在动，之死者其用亦动。何以效之？摄生者以得地为忧，动而离之。之死者以不得地为忧，动而即之。彼虽日往还于出入之间，而又恶知动哉？则甚矣，地之可畏也！兕虎之攫，必按地以为威；甲兵之杀，必争地以制胜。遇无地者，则皆废然而丧其杀机。杀不在彼，死去于我，御风者所以泠然善，云将所以畅言游也。

**道生之，德畜之**；道之用曰德。**物形之，势成之**。皆道之自然。**是以万物莫不尊道而贵德。道之尊，德之贵，夫莫之爵而常自然。故道生之畜之，长之育之，亭之毒之，养之覆之**；陆希声曰：禀其精谓之生，含其气谓之畜，遂其形谓之长，字其材谓之育，权其成谓之亭，量其用谓之毒，保其和谓之养，获其生谓之覆。**生而不有，为而不恃，长而不宰，是谓玄德**。（五十一章）

道既已生矣，而我何生？道既已畜，且覆之矣，而我何为？而我何长？邻之人炊其囷粟以自饱，施施然曰我食之，夫谁信哉？乃彼未尝食于我，而未尝不食于此也。我唯灼而知之，顺而袭之，天下不相知而德我，我姑不得已而德之。物者形矣，势者成矣。虽灼知之，不名言之；虽顺袭之，不易置之；虽德我者不相知，终古而信之；亦可因万物之不相知也，而谓之玄德矣。

**天下有始，以为天下母。既得其母，以知其子；既知其子，复守其母，没身不殆。塞其兑，闭其门，终身不勤；开其兑，济其事，终身不救。见小曰明，守柔曰强；用其光，复归其明，无遗身殃，是谓袭常**。（五十二章）

言“始”者有三：君子之言始，言其主持也；释氏之言始，言其涵合也；此之言“始”，言其生动也。夫生动者气，而非徒气也。但以气，则方其生动于彼，而此已枵然矣。盈于彼，不虚于此；先天地生，而即后天地死；其息极微，用之无迹。

小且无所执，而况于大？弱且不必“用”，而况于“强”？将孰从而致吾“见”与“守”乎？故方其“守”而“知”，“知”之在“守”；方其“知”而“守”，“守”之在“知”。生息无穷，机漾于渺。欲执之而已逝矣，欲审之而已迁矣，欻忽萧散，何所为“常”？于其不“常”，而阴尸其“常”，岂复在“子”“母”之涯涘邪？不然，以己之知与力，有涯之用，追随“子”“母”之变，未见其免于殃也。

**使我介然有知，行于大道，唯施是畏。大道甚夷，而民好径。朝甚除，田甚芜，仓甚虚，服文采，带利剑，厌饮食，资货有余，是谓盗竽；非道哉！**疾周末文胜。（五十三章）

天下不胜“知”也。“知”而“施”之，则物之情状死于己之耳目，而耳目亦将死于情状矣。然则将去知乎？而知亦无容去也。有知者，有使我知者。知者自谓久知，而使我知者用其“介然”而已。知“介然”之靡常，则己无留好。己无留好，而天下不羡其留，虽施不足畏，而况于知？俄顷之光，而终身之据；已尚之物，亦从而尚之。莽、操之奉尧、舜为竽，黄巾、赤眉之奉汤、武为竽，与阴阳之沴奉凝滞之冲气以为竽而盗其生等也。道之不可以“介然”行也，如斯夫！

**善建者不拔，**吕吉甫曰：建之以常无有。**善抱者不脱，**吕吉甫曰：抱神以静。**子孙祭祀不辍。修之于身，**以善建善抱者修之。**其德乃真；修之于家，其德乃余；修之于乡，其德乃长；修之于邦，其德乃丰；修之于天下，其德乃普。故以身观身，以家观家，以乡观乡，以邦观邦，以天下观天下。吾何以知天下之然哉？以此。**（五十四章）

以己与天下国家立，则分而为朋矣。彼朋“建”，则此朋“拔”；彼朋“抱”，则此朋“脱”。然而有道者，岂能强齐而并施之哉？事各有形，情各有状，因而观之，可以无争矣。而流动于情状之中，因其无可因，以使之自因者，所谓“知之以此”也。方且无“身”，而身何“观”？方且无乡、邦、天下，而我又何“观”？方且无之，故方且有之。析于所自然，而抟于所不得已，则匪特“朋亡”，而己物相见之真，液化脉函，固结以寿于无穷，是谓“死而不亡”。

**含德之厚，比于赤子：毒虫不螫，猛兽不据，攫鸟不搏。骨弱筋柔而握固，未知牝牡之合而峻作，精之至也。终日号而不嗄，和之至也。**由斯以观，则人无日不精，无所不和。以此立教，犹有执堕地一声为本来面目者。**知和曰常，知常曰明。益生曰祥，**求益其生，是为灾祥。**心使气曰强。**气自精和，使之刚躁。**物壮则老，谓之不道，不道早已。**（五十五章）

以一己受天下之无涯，不给矣。忧其不给，将奔心驰气，内争而外渝。然且立德以为德，吐为外景，而不知中之未有明也。含而比于赤子者，德不立德；德不立德，而取舍无迹；无迹则“和”。不立德以为德，则阴阳归一，阴阳归一则“精”。如是者，大富不资，大劲不折，而犹有“使气”“益生”之患乎？故闭之户牖，无有六合；守之酣寝，无有风雷；至人无涯之化，赤子无情之效也。

**知者不言，言者不知。**非特不使人窥其喜怒，亦且使道无间于合离。**塞其兑，闭其门；挫其锐，解其纷；和其光，同其尘；是谓玄同。不可得而亲，不可得而疏；**即之则大似不肖，违之又不出于此。**不可得而利，不可得而害**；雨不能濡空使有生，日不能暵空使有热。**不可得而贵，不可得而贱**；贵贱者名也，繇贵有贱。无名则无贵而无贱。**故为天下贵**。严君平曰：五味在口，五音在耳，如甘非甘，如苦非苦，如商非商，如羽非羽，而易牙、师旷能别之。音味尚尔，况妙道乎？至人之游处，显则与万物共其本，晦则与虚无混其根，语默随时而不殊，卮言日出而应变，是以谓之玄同也。（五十六章）

夫将同其所同，则亦异其所异。同者我贵之，而或贱之；异者我贱之，而或贵之。何也？以我之贵，知或之贱；以我之贱，知或之贵也。唯不犯物者，物亦不犯我。非不犯也，物固莫能犯之也。因而靡之，坐而老之，使明如列炬，暗如窌土，锐如干将，纷如乱丝，一听其是非之无极，终不争同己以为贵，乃冒天下之上，以视天下短长之命。玄乎！玄乎！而何言之足建乎？

**以正治国，以奇用兵，以无事取天下。吾何以知天下之然哉？天下多忌讳，而民弥贫；民多利器，国家滋昏；人多技巧，奇物滋起；法令滋章，盗贼多有。故圣人云：我无为而民自化，我好静而民自正，我无事而民自富，我无欲而民自朴**。（五十七章）

天下有所不治，及其治之，非"正"不为功。以"正"正其不正，恶知正者之固将不正邪？故"正"必至于"奇"，而治国必至于"用兵"。夫无事者，正所正而我不治，则虽有欲为奇者，以无猜而自阻，我乃得坐而取之。彼多动多事者则不然，曰"治者物之当然，而用兵者我之不得已也"。方与天下共居其安平之富，而曰不得已，是谁诒之戚哉？故无名无器，无器无利，无利无巧，无巧则法无所试。故欲弭兵者先去治。

**其政闷闷，其民淳淳；其政察察，其民缺缺。祸兮福所倚，福兮祸所伏。孰知其极？其无正邪！**尝试周旋回翔于理数之交，而知其无正邪，彼察察然迓福而避祸者，则以为有正。**正复为奇，善复为妖。人之迷也，其日固久矣。是以圣人方而不割，廉而不刿，直而不肆，光而不耀。**（五十八章）

果其无“正”耶，则圣人何不并“方”“廉”“直”“光”而去之？去者必矫，今之矫，后之所矫也。弓之张也弣外，则其弛也弣内。然则天下遂无一或可者与？圣人知其无正，则亦知其无奇，而常循其冲。“人之所畏，不敢不畏”，则善人不能操名以相责。“天下注目，我皆孩之”，则不善人不能立垒以来争。是故远“割”“刿”“肆”“耀”之伤，而作“方”“廉”“直”“光”之保，则气数失其善妖，而奇正忘于名实。不然，避祸而求福于容，容亦迷而速其妖尔。

**治人、事天，莫如啬；夫唯啬，是谓早服；早服谓之重积德；**韩非曰：思虑静，故德不去；孔窍虚，则和气日入。**重积德，则无不克；无不克，则莫知其极；莫知其极，可以有国；有国之母，可以长久。是谓深根固柢、长生久视之道。**（五十九章）

“人”之情无尽，取而“治”之，则不及情者多矣。“天”之数无极，往而“事”之，则无可极者远矣。以其敝敝，从其浩浩，此冀彼之恩，而彼冀望此以为怨。怨不可以有国，而敝敝穷年，亦“根”败“柢”枯，而其“生”不延。迨其不延，悔而思“服”，岂不晚与！守之圜中，鲜所“治”，鲜所“事”。情万而情情者一，数万而数数者并一不存。或疑其吝而不德，而不德之德，天人无所邀望于始，则亦无所怨惘于终。而批却导窾，数给不穷者，宁有讫乎？故牡之触有穷，而牝之受无所止。"重积德"者，天下歆其受而归我，席虚以游天下，此"有国"之与"长久"两难并者，而并之于此。并之于此，则岂有不并于此者哉？

**治大国，若烹小鲜。以道莅天下，其鬼不神。非其鬼不神，其神不伤人。非其神不伤人，圣人亦不伤之。夫两不相伤，故德交归焉。**（六十章）

动天下之形，犹余其气；动天下之气，动无余矣。"烹小鲜"而挠之，未尝伤小鲜也，而气已伤矣。伤其气，气遂逆起而报之。夫天下有"鬼神"，操治乱于无形；吾身有"鬼神"，操生死于无形。杀机一动，龙蛇起陆，而生德戕焉。静则无，动则有，神则"伤人"，可畏哉！"载营魄抱一而不离"，与相保于水之未波。岂有以治天下哉？"莅"之而已。

**大国者下流，天下之交，天下之牝。牝常以静胜牡，以静为下**。静以居下，厚德载物。**故大国以下小国，则取小国；小国以下大国，则取大国。故或下以取，或下而取。大国不过欲兼畜人，小国不过欲入事人。夫两者各得其所欲，故大者宜为下**。（六十一章）

道莫妙于受。受而动，是名受而实不受也。欲受而动，是实受而名不受也。天下相报以实，而相争以名，阴阳之于人固然，况人事乎？语其极，则欲"兼畜人"，非能畜人；欲"入事人"，非能事人。何也？实元动也，况欲之而又不能静乎？

愈大则愈可受。人能为阴阳之归，其处下尤甚。静其欲，静其动，江海之所以为百谷王也。

**道者，万物之奥，善人之宝，不善人之所保。美言可以市，尊行可以加人**。不善人保之，善所以贵。然可市而不市，可加而不加，斯乃为奥。**人之不善，何弃之有？故立天子，置三公，虽有拱璧以先驷马，不如坐进此道。古之所以贵此道者何，不曰求以得、有罪以免邪？故为天下贵**。（六十二章）

繇此验之，则有道者不必无求，而亦未尝讳罪耶？无求则亢，讳罪则易污，有道者不处。天下皆在道之中，善不善者其化迹，而道其橐籥。是故无所择，而聊以之深其息。知有所择也，是天子三公之为贵，而拱璧驷马之为文矣，岂道也哉？时有所求，终不怀宝以自封；或欲免罪，终不失保以孤立。和是非而休之以天钧，天下皆同乎道，而孰能贱之？

**为无为，事无事，味无味。大小多少**，吕吉甫曰：归于无物，故可以大，可以小，可以多，可以少。**报怨以德。图难于其易，为大于其细。天下难事，必作于易；天下大事，必作于细。是以圣人终不为大，故能成其大。夫轻诺必寡信，多易必多难，是以圣人犹难之，故终无难**。（六十三章）

愤兴长养者，人之所见“大”也。恩怨酬酢者，人之所见“难”也。秋脱之叶，春之所荣；重云之屯，雨之所消；非果为“大”而为“难”，审矣。道其犹水乎！微出于险，昌流非盈。盈，循末而见其盈，不知其始之有以持之也。如是，则圣人劳矣乎！而能不劳者，托于无也。无“大”则若“细”，无“易”则若“难”，保其无而无往不得。所难者，保无而已矣。

**其安易持，其未兆易谋，其脆易判，其微易散。**道自有此四几。**为之于未有，治之于未乱。合抱之木，生于豪末；九成之台，起于累土；千里之行，始于足下。**既合抱而仍有豪末，既九成而仍资累土，虽千里而不过足下。**为者败之，执者失之。**苏子繇曰：与祸争胜，与福生赘，是以祸不救而福不成。**是以圣人无为，故无败；无执，故无失。民之从事，常于几成而败之。慎终如始，则无败事。是以圣人欲不欲，不贵难得之货；学不学，复众人之所过；**刘仲平曰：欲众人之所不欲，不欲众人之所欲；学众人之所不学，不学众人之所学；复其过矣。**以恃万物之自然，而不敢为。**（六十四章）

夫有道者，不为吉先，不为福赘。"未有""未乱"而逆治，其事近迎。"几成"而"慎"有余，其事近随。迎随之非道，久矣，非以其数数于往来而中敝邪？孰知夫往者之方来，而来者之方往也？又孰知夫往者之未尝往，而来者之未尝来也？戒其随，始若迎之；戒其迎，始若随之。又孰知夫迎随之可避，而避迎随之亦可戒也？或敝或避，因物者也。兼而戒之，从事其易者，因道者也。因物者不常，因道者致一。一无所倚，迎几"早服"，此以"恃万物之自然而不为"。

**古之善为道者，非以明民，将以愚之。民之难治，以其智多。故以智治国，国之贼；不以智治国，国之福。知此两者，亦楷式。能知楷式，是谓玄德。玄德深矣，远矣，与物反矣，反乃至于大顺。**吕吉甫曰：与物反本，无所于逆。（六十五章）

顺之则与天下相生，"反"之则与吾相守。生者，生智，生不智；生福，生祸；生德，生贼；莫必其生，而顺亦不长也。守者，吾守吾，天下守天下，而不相诏也。夫道之使有是天下也，天下不吾，而吾不天下，久矣“楷式”如斯，而未有易也。仿其“楷”，多其瓮缶而土裂于丘；学其“式”，多其觚豆而木落于山。天下其为我之瓮缶与其觚豆乎？彼且不甘而怨贼起矣。物欲出生，我止其芽，则天下全其膏润。心欲出生，我止其几，则魂魄全其常明。非故“愚之”也，“以明”者非其明也。

**江海所以能为百谷王者，以其善下之，故能为百谷王。是以圣人欲上人，以其言下之；欲先人，以其身后之；是以处上而人不重，**人不重，重仍在己也。凡上轻下重。处上而不以重授人，唯圣人为然。**处前而人不能害，是以天下乐推而不厌；以其不争，故天下莫能与之争。**（六十六章）

未易下，尤未易“善下”，故天下之为江海者鲜矣。将欲抑之，而激之必亢；将欲浚之，而祇以不平。而不但此也。独立而为物所归，则积之必厚；积厚而无所输，则欲抑之、浚之而不能。故唯江海者，“善下”者也。江则有海，海则有尾闾。圣人有善，则过而不留。受天下之归而自不餍，天下亦孰得而厌之？故返息于踵，返踵于天，照之以自然，而推移其宿气，乃入于“寥天一”。

**天下皆谓我道大，似不肖。夫唯大，故似不肖；若肖，久矣其细也夫！我有三宝，宝而持之：一曰慈，二曰俭，三曰不敢为天下先。夫慈，故能勇；俭，故能广；不敢为天下先，故能成器长。今舍其慈，且勇；舍其俭，且广；舍其后，且先；死矣。夫慈，以战则胜，以守则固；天将救之，以慈卫之。**（六十七章）

曰蚕“肖”蠋，不能谓蠋之即蚕也。曰蚕“肖”蚕，不能谓此蚕之即彼蚕也。求名不得，而举其“肖”，然且不可，况欲执我以求“肖”乎？终日“慈”，而非以“肖”仁；终日“俭”，而非以“肖”礼；终日“后”，而非以“肖”智。善无近名，名固不可得而近矣。无已，远其刑而居于无迹，犹贤于“肖”迹以失真乎！不然，“天将救之，以慈卫之”；苻坚不忍于慕容，而不救其死，非以其求“肖”也哉？

**善为士者不武，善战者不怒，善胜敌者不争，善用人者为之下。是谓不争之德，是谓用人之力，是谓配天，古之极。**（六十八章）

避杀者不可为，犹之乐杀者不可长也。或以有所乐，或以有所避，皆谓生杀之在己而操纵之，是谓窃天。不致其乐，避于何庸？故“以正治国”者，将以弭兵而兵愈起；“善为士”者，可以用兵而兵不伤。知天之化迹，有露雷而无喜怒；知古之“楷式”，有消长而无杀生。有道者之善用人，岂立我以用人哉？人已然而因用之也。

**用兵有言：吾不敢为主而为客，不敢进寸而退尺。是谓行无行，**户刚切。**攘无臂，仍无敌，执无兵。祸莫大于轻敌，轻敌几丧吾宝；故抗兵相加，哀者胜矣。**道之于天下，莫不然者，而战其一。（六十九章）

居道之宫，非“主”非“客”；乘道之机，亦“进”亦“退”。而“主”不知“客”，“客”能知“主”，繇其相知，因以测非“主”非“客”之用；“进”无“退”地，“退”有“进”地，因其余地，遂以袭亦“进”亦“退”之妙。“主客”之间有宫焉，“进退”

之外有用焉。“无行”“无臂”“无敌”“无兵”者，如斯也。远死地而致“微明”，不“胜”其何俟焉？欲猝得此机而不能，将如之何？无亦姑反其势而用其情乎！以“哀”行其“不得已”，所以敛吾怒而不丧吾“三宝”也。

**吾言甚易知，甚易打；天下莫能知，莫能行。言有宗，事有君；夫唯无知，**物之自然，非我言之，非我事之，我亦繇焉而不知。**是以不我知也。知我者希，则我贵矣。是以圣人披褐怀玉。**（七十章）

大喧生于大寂，大生肇于无生。乘其喧而和之，不胜和也。逐其化而育之，不胜育也。唇吹竽，则指不能拊瑟；仰承蝉，则俯不能掇螬。故天下之言，为唇为指；天下之事，为承为掇。逐逐其难而终不遇，乃枵然以自侈其知之多，岂有能知我者哉？我之自居于“希”也，天下能勿“希”乎？故大谷无纤音，而大化无乳字。谢其喧而不敏于化，盖披褐以乐居其“易”，而怀玉以潜袭其“希”也。

**知不知，上；不知知，病。夫唯病病，是以不病。圣人之不病也，以其病病，是以不病。**（七十一章）

府天下以劳我，唯其知我；官我以割天下，唯其知天下。夫岂特天下之不胜知？而知者，亦将倚畔际而失迁流。故圣人于牛忘耜，于马忘驾，于原忘田，于材忘器，闷闷于己而不见其府，闷闷于天下而无以为官。若夫制万族之宇而效百骸之位，已有前我而市其余知者，方教之以为劳，而苦其多遗，沉浮新知，以遁故器，而曾莫之病乎？

**民不畏威，则大威至矣。**李息斋曰：民不畏威，非天下兼忘我者不能。**无狭其所居，无厌其所生。夫唯不厌，是以不厌。是以圣人自知，不自见；自爱，不自贵；故去彼取此。**（七十二章）

侈于有者穷于无，填其虚者增其实，将举手流目而无往非"狭"也，亦举手流目而无往非"厌"也。有"居"者，有居"居"者。有"生"者，有生"生"者。居"居"者浃于"居"之里，澒洞盘旋，广于天地。生"生"者保其"生"之和，婉嫕萧散，乐于春台。而自弃其乐，自塞其广，悲哉！屏营终夕，不自聊而求助于"威"也。是故去"见"则不广而广，去"贵"则乐不以乐。日游于澹远，以释无穷，恢乎有余，充乎有适。忘天下而不为累，天下亦将忘之。盖居"居"而生"生"者，天下之固有也，而我奚"见"而奚"贵"乎？

**勇于敢则杀，勇于不敢则活。此两者，或利或害。天之所恶，孰知其故？是以圣人犹难之。天之道：不争而善胜，不言而善应，不召而自来，繟然而善谋；天网恢恢，疏而不失。**（七十三章）

执"不敢"以"勇"，"敢"矣；"不敢"其所"不敢"，"勇"矣。"勇""敢"之施，"杀""活"之报，天乘其权，而我受其变，"难"矣。圣人畏其"难"，而承其"活"，不辞其"杀"，故"活"在己而"杀"任天下。何也？以己受"活"，则必有受"杀"者，气数之固然，而不足诘也。夫唯己"活"而非以功，天下"杀"而无能罪，斯以处功罪之外，而善救人物，我无"杀""活"而天下亦"活"。彼气数者，日敝敝以"杀""活"为劳，其于我也，吹剑首之吷而已矣。是以圣人破"天网"而行“天道”。

**民常不畏死，奈何以死惧之？若使人常畏死，而为奇者，吾得执而杀之，孰敢？常有司杀者杀，**张文潜曰：万物泯泯，必归于灭尽而后止。**而代司杀者杀，是代大匠斫。夫代大匠斫者，希有不伤其手者矣。**（七十四章）

木当其“斫”，岂有避其坚脆者哉？故盗跖、鲍焦相笑而无已时也。拣其所笑，以为或是或非，执秕糠以强人之所固不信，遂将乘人之死以验己之得，而要之为利，则于杀有喜心。于杀有喜心者，于天下未有损，而徒自剥其和也。圣人知理势之且然，故哀天而目击夫化。化日迁而不得不听，听化而哀之也抑深矣。岂求以近仁名邪？近仁名者，是有司生者而代之生也。代之生，代之杀，皆愚也。圣人终不为愚，故似不肖。

**民之饥，以其上食税之多也，是以饥。民之难治，以其上之有为也，是以难治。民之轻死，以其生生之厚也，是以轻死。夫唯无以生为者，是贤于贵生。**（七十五章）

夫食税者上，而饥者民；有为者上，而难治者民。彼此不相知而相因，诚有之矣。统吾之生而欲生之，无异养矣。孰知其不相知而相因也，肝胆之即为胡越乎？故同其异，则胡越肝胆也；异其同，则肝胆胡越也。于彼有此，于此有彼，彼此相成，而生死不相戾，岂能皆厚而莫知有轻哉？脉脉使其知，则筋骨血肉之皆虚，而冲虚无有之皆实。故曰：“冲而用之或不盈。”诚不盈矣，知得人之而不窒，奚其生之厚而死之轻也？

**人之生也柔弱，其死也坚强；草木之生也柔脆，其死也枯槁。故坚强者，死之徒；柔弱者，生之徒。是以兵强则不**

**胜，木强则共。**董思靖曰：人共伐之。**强大处下，柔弱处上。**（七十六章）

强弱者，迹也。夫岂木之欲生，而故为柔脆哉？天液不至而糟粕存，于是而坚枯之形成矣。故坚强者，有之积也；柔弱者，无之化也。无之化，而尚足以生，况其未有化者乎？不得已而用其化以为柔弱，以其去无之未远也。夫无其强者，则柔者不凝，天下之所以厚树其质也。而孰知凝之即为死之徒乎？质虽因其已有而不可无，而用天地之冲相升降，则岂唯处上者之柔弱也，即其处下（编者注：下原作上）者而与枯槁远矣。

**天之道，其犹张弓乎！高者抑之，下者举之；有余者损之，不足者补之。天之道，损有余而补不足。人之道则不然，损不足而奉有余。孰能以有余奉天下？**不损。**唯有道者。是以圣人为而不恃，成功而不居；其不欲见贤邪！**（七十七章）

唯弓有"高""下"，而后人得施其"抑""举"；唯人有"有余""不足"，而后天得施其"损""补"。夫自损者固未尝无损，而受天损者，其祸烈矣。圣人之能不祸于天者，无祸地也。夫岂但劳天下以自奉者为奉有余哉？人未尝不肖而欲贤之，人未尝乱而欲治之，美誉来归而腥闻赠物，非乐天下之败以自成乎？故一人安位，天下失据；一日行志，百夫伤心；杀机发于诰誓，而戎马生于勋名。然则庸人之自奉俭，而贤者之自奉奢，可不畏哉！

**天下莫柔弱于水，而攻坚强者莫之能先，以其无以易之也。故柔之胜刚，弱之胜强，天下莫不知，莫能行。是以圣人云：受国之垢，是谓社稷主；受国之不祥，是谓天下王。正言**

**若反**。（七十八章）

无“攻”之力，有“攻”之心，则心鼓其力。无“攻”之心，有“攻”之力，则力荡其心。心力交足以“攻”，则各乘其权，身以内各挟其戈矛以屡变；而欲以“攻”天下，能不瓦解者，未之有矣。虽然，莫心为甚。夫水者，岂欲以敌坚强而为攻者哉？受天下之“垢”也，终古而无“易”心，而力从之。何也？水之无力，均其无心；水之无心，均其无力也。故“弱其志”者无“易”志，“虚其心”者无“易”心，行乎其所不得已，而不知坚强之与否，则险夷无易虑，无他（编者注：他原作地），寓心于汗漫而内不自构也。寓心于汗漫，无所畏矣。内不自构，和之至矣。和于中，无畏于外，天下其孰能御之！

**和大怨，必有余怨，安可以为善？是以圣人执左契而不责于人**。左契，受债者之所责司之，听人之来取而已。**故有德司契**，左契。**无德司彻**。彻，通也，均也，欲通物而均之。**天道无亲，常与善人**。李息斋曰：盖亦司契而已。（七十九章）

既不欲攻之，则从而“和”之，欲有为于天下者，舍二术无从矣。夫物本均也，而我何所通？物苟不通也，而我又何以均？无心无力，怨自不长。有心者心定而释，有力者力穷而返。不待无所终而投我，而先就之以致均通之德，是益其怨而怨归之矣。圣人知其然，阴愆阳忒之变，坐而消之，天固自定；静躁寒热之反，坐而胜之，身固自安；儒墨是非之争，坐而照之，道固自一。无他，无所亲斯无所疏，物求斯与，而己不授也。

**小国寡民：使有什伯之器而不用；使民重死，而不远徙；虽有舟车，无所乘之；虽有甲兵，无所陈之；使民复结绳而用**

**之；甘其食，美其服，安其居，乐其俗；邻国相望，鸡犬之音相闻，民至老死，不相往来**。（八十章）

夫天下亦如是而已矣。以“寡小”观“寡小”，以强大观强大，以天下观天下，人同天，天同道，道同自然，又安往而不适者哉？推而准之四海之广：贤贵“安其居”，而贱不肖“不来”，则贤贵定；贱不肖“安其居”，而贤贵“不往”，则贱不肖和。反而求之一身之内：耳目“安其居”，而心思“不往”，则耳目全；心思“安其居”，而耳目“不来”，则心思正。“抱一”者，抱其一而不御其不一，乃以“玄同”于一，而无将迎之患。

**信言不美，美言不信；善言不辩，辩言不善；知者不博，博者不知。圣人不积，既以为人，己愈有；既以与人，己愈多。天之道，利而不害**；人则有利必有害。**圣人之道，为而不争**。（八十一章）

以所“有”“为人”，则人“有”而己损；以“多”“与人”，则人“多”而己贫。孰能知无所为者之“为人”邪？无所与者之“与人”邪？道散于天下，天下广矣，故“不积”。道积于己，于是而有“美”，有“辩”，有“博”。既“美”且“辩”，益之以“博”，未有“不争”者也。乃其于道之涯际，如勺水之于大海，挥之、饮之，而已穷。俯首而“为”，恶知昂首而“争”？不问其“利”“利”自成，恶与“害”逢？能不以有涯测无涯者，亦无涯矣。“休之以天钧”，奚“为”、奚“与”，又奚穷哉？

# 庄子通

[清]王夫之

## 自　叙

己未春，避兵楂林山中，麇麚之室也，众籁不喧，枯坐得以自念：念予以不能言之心，行乎不相涉之世，浮沉其侧者五年弗获已，所以应之者，薄似庄生之术，得无大疚愧？然而予固非庄生之徒也，有所不可、“两行”，不容不出乎此，因而通之，可以与心理不背；颜渊、蘧伯玉、叶公之行，叔山无趾、哀骀它之貌，凡以通吾心也。心苟为求仁之心，又奚不可？

或曰，庄生处七雄之世，是以云然。虽然，为庄生者，犹可不尔，以予通之，尤合辙焉。予之为大瘿、无脤，予之居“才不才之间”，“知我者谓我心忧，不知我者谓我何求”，孰为知我者哉！谓予以庄生之术，祈免于“羿之彀中”，予亦无容自解，而无能见壶子于“天壤”之示也久矣。凡庄生之说，皆可因以通君子之道，类如此。故不问庄生之能及此与否，而可以成其一说。是岁伏日，南岳卖姜翁自叙。

# 逍遥游

多寡、长短、轻重、大小，皆非耦也。兼乎寡则多，兼乎短则长，兼乎轻则重，兼乎小则大，故非耦也。大既有小矣，小既可大矣，而画一小大之区，吾不知其所从生。然则大何不可使小，而困于大？小何不可使大，而困于小？无区可画，困亦奚生！

夫大非不能小；不能小者，势使之然也。小非不能大；不能大者，情使之然也。天下有势，"扶摇"之风是已；我心有势，"垂天"之翼是已。夫势之"厚"也生于"积"："扶摇"之风，生物之吹息也；"垂天"之翼，一翮之轻羽也。然则虽成乎势，大之居然小也固然。

势者，矜而已矣。矜者，目夺于成形而已矣。目夺于成形，而心怙其已然，然后困于大者，其患倍于困小。何也？心怙其已然则均，而困于小者，无成形以夺其目也。为势所驱，不"九万里"而不已；亦尝过"枋榆"校者按:《庄子》原文作"榆枋"。矣，而失其"枋榆"。"扶摇"之风，不可以翔"枋榆"；"泠然"之风，不可以游乡国；章甫之美，不可以适于越；势之困尤甚于情。情有炯明而势善迷，岂不甚乎？

然则"乘天地之正"者，不惊于天地之势也；"御六气之辨"者，不骛于六气之势也；必然矣。无大则"无已"，无大则"无功"，无大则"无名"；而又恶乎小！

虽然，其孰能之哉？知兼乎寡，而后多不讳寡也；知兼乎短，而后长不辞短也；知兼乎轻，而后重不略轻也；知兼乎小，而后大不忘小也。不忘小，乃可以忘小；忘小忘大，而“有不忘者存”，陶铸焉，斯为尧、舜矣。

## 齐物论

论其“比竹”，论者其吹者乎！人其“比竹”，天其吹者乎！天其“比竹”，机之欻然而兴者其吹者乎！然则四海之广，万年之长，肸蚃之细，雷霆之洪，欲孤用吾口耳而吾弗能，欲孤用吾心而吾弗能；甚矣其穷也！

不言而“照之以天”，得矣。不言者，有使我不言者也；照者，有使我照者也；皆因也。欲不因彼而不为彼所使，逃之空虚，而空虚亦彼，亦将安所逃之？甚矣其穷也！

未彻于此者，游于穷，而自以为无穷，而彻者笑之已。彻于此者，游于无穷，而无往不穷。天地无往而非其气，万物无往而非其机，触之而即违，违之而即触。不得已而言齐，我将齐物之论，而物之论亦将齐我也，可如之何！

智穷道丧，而别求一藏身之固，曰“圣人怀之”，斯可不谓择术之最工者乎？

虽然，吾将有辩。怀之也，其将与物相逃乎？与物相逃，则犹然与物相竞也。何也？恶屈乎物而逃之，恶随乎物而逃之，恶与物角立而无以相长而逃之。苟有恶之心，则既竞矣。逃之而无所屈，逃之而无所随，逃之而不与角立，因自以为可以相长，凡此者皆竞也。与之竞，则怀之机甚于其论；默塞之中，有雷霆焉。"不言之辩"，辩亦是非也；"不道之道"，道亦荣华也。其不为"风波之民"也无几，而奚以圣人为！

怀之者，"参万岁而一成纯"者也。故言人之已言，而不患其随；言人之未言，而不逢其屈；言人之不能言、不敢言，而非仅以相长。何也？已言者，未言者，不能言者，不敢言者，一万岁之中所皆备者也。可以言，可以不言；言亦怀也，不言亦怀也。是尧、舜，不非汤、武；是枝鹿，不非礼乐；仁义无端，得失无局，踌躇四顾，以尽其藏，而后藏身以固。唯然，则将谓之择术而奚可哉？圣人无术。

## 养生主

"以无厚入有间者"，不欲自王其神。

王其神者，天下亦乐得而王之；天下乐得而王之，而天下亦王。昔者汤王其神，而韦、顾、昆吾王；文王王其神，而崇侯虎、飞廉、恶来王；孟子王其神，而杨、墨王。神王于此，而毒王于彼；毒王于彼，而神不容已，益求王焉；此古之君子所以终其身于忧患而不恤其生者也。

夫"无厚"则当之者独，厚则当之者博。当之者博，所当者非间也。间不相当，而非间者代间者与吾相拒，间者反遁于刃所不施，虽君子未有不以为忧者也，乃非无以处此矣。

"生有涯"，则神有涯，所当者亦有涯也；其他皆存而不论，因而不治，抚而不诛者也，于是而神之王也独微。

万物也，二气之眦，八风之动，七政之差，高山大川之阻，其孰能御之？故王者之兵，不多其敌；君子之教，不追其往。天下之心知无涯而可以一二靡，终其身于忧患而不与忧患牾，无他，有经而已矣。

经者褩也，褩者正也，正者无厚者也。反经而不与天下争于智数，孰谓君子之王其神为樊雉也哉？

## 人间世

耳目受物，而心治物。“殉耳目内通，而外于心知”，能不“师心”者也。师心不如师古，师古不如师天，师天不如师物。何也？将欲涉于“人间世”，心者所以涉，非所涉也。古者前之所涉，非予涉也。天者唯天能以涉，非予所以涉也。今予所涉者，物而已矣，则何得不以物为师也耶？卫君之暴，楚齐之交，蒯聩之逆，皆师也，而天下何不可师者哉？

抑尝流观天下而慨人事之难矣。庸人之前，直说拙于曲说；忮人之前，讽言危于正言。“不材之木”，无故而受伐者亦数数然。“无用之用”，亦用也，用斯危矣。夫所患于师心者，挟心而与天下游也。如使师物者挟物而与天下游，则物亦门也，门亦毒也。阖门而内固其心，辟门而外保于物，皆有泰至之忧。

韩非知说之难，而以说诛；扬雄知白之不可守，而以玄死。其用心殊而害均，则胡不寻其所以害乎？履危世，交乱人，悲身之不幸而非不材，斯岂可以计较为吉凶之准则哉？有道于此，言之甚易，行之不劳，而古今之能知者鲜。故李斯叹东门之犬，陆机怨华亭之鹤，而龙逢、比干不与焉。无他，虚与不虚而已矣。

天下皆不足为实之累，而实填其“生白”之“室”以迷闷而不知“吉祥”之“止”者，生死已尔，祸福已尔，毁誉已尔，口口已尔。此八实者，填心之积也，古今之奉为师而不敢违者也。八者虚而天下蔑不虚矣，故物皆可游也。规规然念物之可畏而避之，物不胜避矣。物不胜避，而况天之生杀乎？“何暇至于说生而恶死”？龙逢、比干所以与不材之木同至今存也。

## 德充符

德人而矜有德之容，为容人而已矣；德人而矜德之无容，为无容之人而已矣。“道与之貌”，貌一道也；“天与之形”，形一天也。“死生亦大矣，而不得与之变”；故生于道，死于道；生于天，死于天；道无不貌，貌无非道；天无不形，形无非天。然则生于形，死于形，生于貌，死于貌，死生可遗，而兹未尝与之相离也。

以道殉容，曼人而已矣。以容殉生，靡人而已矣。以道忘容，忘道而已矣。介者，无趾者，无脤、大瘿者，且不丧其全德，况其不尔者乎？

“忘其所不忘”，而以殉形，则人知其妄。若夫“不忘其所不忘”，而形与貌在焉，天之所以成，成之所以大，浑外内，合精粗，凝道契天，以不丧其所受。夫圣人者，岂得以詹詹于形貌之末而疵之也哉?

悲哉！卫灵公之愚也,得无脤者而视全人之脰肩肩。悲哉！齐桓公之愚也,得大瘿者而观全人之脰肩肩。则使之二君者,以巍冠大绅、高趾扬眉之士,怀溪壑,腹刀剑,而得其心,抑将视天下容之不盛者,虽有德,若将浼焉,恐去之不夙矣。

故符者,德之充也;非德不充,非充不符。不充而符,谓之窃符;不德而充,谓之枵充。德之不充,是谓替德;充之不符,是谓傀充。"道与之貌",貌以肖道;"天与之形",形以酬天。宾宾于名闻之间,而数变其夫形,则胡不内保而外不荡,逍遥于"羿之彀中",以弗丧吾天也乎?故其为容,非容人之容也;其为无容,非无容人之无容也;以德徵符,德无非符;以符合德,符无非德。能知天下之以形貌为货,而不知其为符也,又恶知德哉?

## 大宗师

"踵息"者,始教也,而至人之道尽矣。"寥天一",无可入也。自踵而上,无非天也,无非一也,然而已寥矣。

"逆寡""雄成""谟士",皆"喉息"也。"悦生""恶死""出䜣""入距",皆"喉息"也。"乐通物""有亲""天时",皆"喉息"也。"刑""礼""知""德",皆"喉息"也。"好恶",皆"喉息"也。引而至于踵,寡亦逆,成亦雄,士亦谟,生亦说,死亦恶,出亦䜣,入亦距,通物亦乐,亲亦有,时亦天,刑亦体,礼亦翼，知亦时，德亦循，好亦好，恶亦恶；以死殉数者而特不以喉。于是而寥矣，不可度矣，不可竭矣，不可以功功，不可以名名，参万岁，䪥万物，非天非一，其孰足以胜此哉？

天下好深，而独浅其天机，于是淫刑而侈礼，阳慕德而数用知，喜怒好恶，以义为朋，而皆以深其嗜欲。自喉以下，嗜欲据之，而仅余其喉以受天，而即出之，此古今之通患，言道者莫之能舍也。

夫天虚故受，天实故撰。受之而不得出，非天非一，则若哽于膺，而快于一吐。撰之而不足，非天非一，则改易君臣，颠倒表里，以支其所不逮，而冀速应之以无惭。呜呼！知天之虚，知天之实者，古今鲜矣。

若然者，非他求之也；即其所为息者，引而至于踵，无所阂也，无所缺也。孰使而闻"副墨"而若惊，闻"雒诵"而若醒，闻"瞻明"而若奔，闻"聂许"而若饫，闻"需役"而若嘬于蚊蚋，闻"於讴"而若厉风之激于奎乎？以嗜欲济嗜欲，不足则援道以继之，天下皆浅而天丧其机，于是而天亦戚矣。阖户以求人之入，而人莫入也，而天亦枵矣。天戚则亦无乎不戚，于是而愀慄荧謵，终其世以为喉，任忧患而彻于死。天枵，则所为者皆枵也，枵而撄之，未有得宁者也。然则天下之好深，而得深之患，皆浅而已矣。

引而之于踵，至矣。虽至于"寥天一"，不能舍此以为教也。"犯人之形"以百年，无不取诸其藏而用之，而后知天一之果寥也。

# 应帝王

天下皆“未始出吾宗”者也，而骇于物之多有者，事至而躴然，事至而瞿然，事至而荧然，事至而的然，谓是芸芸者皆出吾宗之外者也。于是以为迎之而可无失，则“藏仁以要人”；于是而以为有主而可以相治，则“以己而出经”；于是以为悉体之而可尽，则“劳形怵心”，以来天下之求。凡此者，慕圣人之功而不知其所以功者也。

夫天下未始出吾宗，而恒不自知。苟知其不出吾宗，则至静而“不震”，其机为“杜德”；至深而“不波”，其机为“踵发”；至安而容，至敛而涵，其机为“渊”；皆以不丧吾宗而受天下以不出，然后可“流”，可“靡”，无物不在道之中，而万变不足以骇之。

虽然，所谓宗者，必有宗矣。无以求之，其唯天乎！我之与天子，皆天之子，则天子无以异；天子之与天下，皆天之子也，则天下无以异。道者归于道而已矣，德者归于德而已矣，功者归于功而已矣，名者归于名而已矣，利者归于利而已矣，嗜欲者归于嗜欲而已矣。道亦德也，德亦功也，功亦名也，名亦利也，利亦欲也，欲亦道也。道不出吾宗，虽有贤智，莫之能逾；欲不出吾宗，虽有奸桀，莫之能诡。不骇天下，则不患吾之寡。吾无寡而天下无多，不谓之一也不能。

“藏天下于天下”，而皆藏于吾之宗。名焉而不为尸，谋焉而不为府，事焉而不为任，知焉而不为主；尸焉而不为名，府焉而不为谋，任焉而不为事，主焉而不为知。抑滔天之洪水，躬放伐之烈名，帝自此帝，王自此王，未始出吾宗，而何屑屑以凿为！

## 骈　拇

体之所本无，用之所不待，无端而生，恃焉而保之，得则喜，失则忧，是之谓骈枝赘疣之不可决也。

非曾史而为曾史，非有虞氏而为有虞氏，非伯夷而为伯夷，"色取"者也，"助长"者也。以仁义为彼而视之听之，则不知名实之合离。

自闻则不昧其声，自见则不昧其形，果且为仁义，则指之五、掌之二而可决邪，而可龁邪？非但恶泣而畏啼也。

知仁之不远，知义之内，自奔其命而非奔仁义，伯夷以之馁而不怨，何啼泣之有哉！所恶于残生损性者，以其继之以啼泣也。

## 马　蹄

马不衔勒，将焉用马？木不斫台，将焉用木？不为牺尊，将焉用朴？不为珪璋，将焉用玉？不取仁义，将焉用道？"踶跂好知，争归于利"者，圣人之过，圣人尸之而不辞。

知圣人之为道，任过而不辞，则所以酬圣人之德而不敢昧也，将若何乎！

# 胠　箧

圣人，不可死者也；大盗，不可止者也。盗既不可止矣，圣人果不可死矣。知圣人之不可死，大盗之不可止，无可奈何而安之以道。犹将延颈举趾，指贤智为名以殉其私利而欲以止盗，其不为大乱也鲜矣。

知其玄同，以生其道法，则圣人日生，大盗日弭，孰标提仁义以为"盗竽"也哉？

# 在　宥

人心之动，有可知者，有不可知者。不可知者，人心之天也。治天下者，恒治其可知，而不能治其不可知。

治其可知者，人心则既已动矣，乃从而加之治：以"圣知"加诸"桁杨"，以"仁义"加诸"桎梏"，以曾、史加诸桀、跖，不相入而只以相抵，不谓之"撄人心"也不得。所以然者，治其可知，名之所得生，法之所得施，功之所得著，则不必有圣知、仁义、曾史之实，而固可号于天下曰，吾既已治之矣。

若夫不可知者，无实焉有名？无象焉有法？无败焉有功？名法功之迹隐，故为侈天下者之所不事。

然而人心之未起，则无所撄也；于不可知而早服之，治身而已矣。慎乎其喜，天下不淫；慎乎其怒，天下不贼；喜怒守其知，天下不骜。"至阳之原"，无物不昭；"至阴之原"，无物不藏。无物不昭，不昭物也；无物不藏，不藏物也。物各复根，其性自正；物固自生，其情自达；物莫自知，漠然而止其淫贼。此圣知之彻，而曾史之所以自靖也。自靖焉，则天下靖矣。

## 天 地

为万物之所取定者，“大小长短修远”各有成数，无他，己所见者止于有形，因而存之；得之而喜，失之而怒，徇其成形，而不顾天下之然与不然，此古今之大病也。

无形者，非无形也，特己不见也。知无形之有形，无状之有状，则“大小长短修远”已不能定，而况于万物乎？无形之且有形矣，无状之且有状矣。静而有动，动留而生物，物生于俄顷之间，而其先皆有故也，一留而形成矣。知此，则能弗守其静，以听其动乎？静不倚则动不匮，其动必正，其留必成，其生必顺。天地之生物，与圣人之起事，一而已矣。

心虽刳也，刳其取定之心，而必有存焉者存。“见晓”，“闻和”，“官天地”，“府万物”，而人莫之测。非莫测也，天下测之于“大小长短修远”，于其无形之皆形、无状之皆状、如量而各正其性命者，莫之测也。

## 天 道

虚则无不可实也，静则无不可动也。无不可实，无不可动，天人之合也。“运而无所积”，则谓之虚；古今逝矣，而不积其糟粕之谓也。“万物无足以铙心”，则谓之静；以形名从其喜怒之谓也。

虚静者，状其居德之名，非逃实以之虚，屏动以之静也。逃虚屏动，己愈逃，物愈积，“胶胶扰扰”，日铙其心，悱懑而欲逃之于死，死且为累，遗其虚静之糟粕以累后世。故黄老之下，流为刑名，以累无穷。况有生之日，屏营终日，与喧相竞，而菀积其悒怏乎？

虚静之中，天地推焉，万物通焉，乐莫大焉。善体斯者，必不嚣嚣然建虚静为鹄而铙心以赴之，明矣。

## 天　运

化之机微矣！化之神大矣！神大，故天地、日月、云雨、风雷动而愈出。机微，故求其所以然者，未有能测之者也。从其微而观之，则疑无化之者；无化之者，则“中无主”而奚止也。从其大而观之，则疑有操纵之者为其大司；有司操纵之权者，则“外无正”而不足以行。

天下之用心用物者，不出两端：或师其成心，或随物而移意，交堕于“大小长短修远”之中，而莫之能脱。夫两者不可据，而舍是以他求，则愈迷。

是以酌中外之安，以体微而用大者，以中裁外，外乃不淫；虚中受外，外乃不窒。治心治物者，虽欲不如是而奚可？

# 刻　意

天下之术，皆生于好。好生恶、生悲、生乐、生喜、生怒。守其所好，则非所好者虽有道而不见虑。不得其好则忧，忧则变，变则迕，迕则必有所附而胶其交；交之胶者不终，则激而趋于非所好。如是者，初未尝不留好于道，而终捐道若忘；非但驰好于嗜欲者之捐天机也。

物虽可好，必知有道；道虽可好，必知有精。道以养精，非精以养道。天下莫不贵者，精而已矣！精者，心之以为可，而非道之以为可。

# 缮　性

守名义之已然，而不知其然；因时会之所尚，而己无尚；矫物情之所甚，而激为甚；夫是之谓俗夫。

欲治俗，故礼乐兴焉。礼乐之始，先于羲、燧。羲、燧导礼乐之精，扬诩于万物。然则三王之精，精于黄、顼，明矣。天下之妙，莫妙于无。无之妙，莫妙于有有于无中，用无而妙其动。仁义，情而非法；礼乐，道而非功。礼动乐兴，肇无而有。无言无功，涤俗而游于真。不揭仁义之鼓以求亡子，默动而已矣。

俗之所不至，初之所全，明之所毓，云将之游，鸿濛之逝，御寇泠然之风，均之以天和，“知恬交相养”，而无以易其乐；又何轩冕之足云！是之谓“达礼乐之情”。

## 秋 水

海若存乎量，河伯因乎势。以量观者，量之所及，函之而若忘之；量之所不及，映之固知有之。以势盈者，势之所至至之，势之所不至不能至也。

“秋水时至，百川灌河”，则河伯几狭海而自盈。寒潦降，汀沚出，则并丧其河，而奚况海哉？使河能不丧其量，则在河而河，在海而犹然河也，奚病乎？

尧、舜之让，汤、武之争，量也；“有天下而不与”，其何损焉！子哙之让，白公之争，势也；势不继而丧其固有矣。量与势者，“贵贱之门，小大之宗”也。

## 至 乐

群趋之乐，趋于万物出入之机也；群争之名，争于人心出入之机也。

忧乐定者，乐不以机；名实定者，争不以机。故或谓之得，或谓之失，或谓之生，或谓之死，而皆非也。众人出入乎机，内求之己而不得，则分得分失，分生分死，分乐分不乐，宜矣。

有常乐、有常名者，生死不可得而间，况荣辱乎？

行其所独知，而非气矜以取名，则子胥之死，犹久竹青宁之化也。志士且自以为死而乐，死以为名，何望于乘机之民！

# 达　生

“知之(编者注：之字原缺)所无(编者注：无下原衍可字)奈何”，非不可知也，耳目心思之数量，止于此也。夫既止于此，犹且欲于弗止于此者而奈之何也，得乎？虽然，知亦无涯矣。守其所知，以量其量、数其数，止于此而可以穷年。此奈何者未易奈何也，而人且无奈之何，顾欲奈其所无如何，是离人而即谋于鬼。人鬼不相及，而离此以即彼，其于生与命，亦危矣哉！

“纯气之守”，守其可奈何者也；“得全于天”，全其可奈何者也；“开生”者，开其可奈何者也；“用志不分”，志其可奈何者也；“内重外拙”，重其可奈何者也；“视羊之后者而鞭之”，鞭其可奈何者也；“长乎性，成乎命”，成其可奈何者也；“见鐻然后加手”，加其可奈何者也；“一而不桎”，一其可奈何者也；“为而不恃”，为其可奈何者也。穷年于知之所可奈何，则外荡之知，梦所不梦，“以鸟养鸟”，爰居可畜，而况吾之肝胆乎？

# 山　木

命大性小。在人者性也，在天者皆命也。既已为人，则能性而不能命矣。在人者皆天也，在己者则人也。既已为己，则能人而不能天矣。

物物者，知物之为物而非性也。不物于物者，知物之非己，而不受其命也。“饥渴、寒暑、穷桎”，至不可忍，而人能忍之，知其为天焉耳。物之所利，不可从而从之，不知其为命焉耳。

不知物之为天，天之为命，于是而希其不可得者以为得，是之谓幻心。人之不能有天，己之不能有物，虽欲为功于正，而固不能。不能而欲为功，是握空囊火之术也，世目之为幻人。

正而不待之，不谋贤，不欺不肖，不见其岸，约慎以循乎目前，正己之道有出于是者，是之谓“才不才之间”；非规避于一才一不才之间，以蕲免于害之谓也。

## 田子方

“真”而弗“缘”，非“葆”也；“清”而绝“物”，非“清”也；“陋于知人心”，非“明乎礼义”也。自命为儒，而非儒者众，“步趋”而弗能“绝尘”也。待日月而用其“趾目”，无趾目者也。

趾有所以为趾，目有所以为目，有不亡者存。

夜其昼而昼其夜，全其神明于“解衣般礴”之中，则天下亦不待目而见其明，不待趾而效其行，不待言而消其意。君子之道，言此亦数数矣，非庄生之仅言也。

## 知北游

“参万岁而一成纯”，所为贵一也。众人知瞬，慧人知时，立志之人知日，自省之人知月，通人知岁，君子知终身，圣人知纯。其知愈永，其小愈忘。

哀哉！夜不及旦，晨不及晡，得当以效，而如鱼之间流淙而奋其鳞鬣也。言之唯恐不尽，行之唯恐不极，以是为勤，以是为敏，以是为几。“朝菌不知晦朔，蟪蛄不知春秋”，自小其年以趋于死，此之谓心死。

## 庚桑楚

持于“不可持”，以不持持之而无所持，则其“宇泰”。持之“灵台”，其泰乃定。唯其为“灵台”也，斯发乎“天光”矣。

“天光”者，天之耀吾“灵台”者也。众人之昧也，“实而无乎处”，强为之处；“长而无乎本剽”，强为之本剽；是冰与冻也。于是乎其宇不泰，而匿其“天光”。能释冰与冻，无所匿而“天光”发，较之为贤矣，释氏之所谓“定生慧”也。虽然，其止此也矣。

“天光”耀乎“灵台”，则己之光匿，故“天光”者能耀人者也。有形者之齐于无形，“天光”烛之则冰释矣。无形者之有形，“天光”发而己之光匿，觌面而不相知，未有能知者也。持“不可持”，而自有持者存。“以有形象无形”，非以无形破有形也。

无形者，非无也。静而求之，旷眇而观之，宇宙之间，非有无形者。“天光”耀而夺吾光，于是乎而见为形，见为无形，不可持也，非固有其无形可持也。形可持而无形“不可持”，无形“不可持”而非有无形者，则固可持矣。

尧、舜之持，皆显无形之形者也。“春气发而百草生，正得秋而万宝成”，经营无形以显其有，无处、无本剽而实者实、长者长，莫之能御。斯岂“天光”之所能显乎？未可以“天光”之发为至极之观也，明矣。

## 徐无鬼 阙

## 则阳

以人思虑之绝，而测之曰“莫为”；以人之必有思虑，而测之曰“或使”；天下之测道者，言尽矣。夫“莫之为”则不信，“或之使”则不通；然而物则可信而已通矣。知其信，不问其通；知其通，不恤其信；一曲之见，不可以行千里，而况其大者乎？

必不得已而欲知之，则于“圣人之爱人”而知之。“其爱人也”，何以“终无已”，则疑乎“或之使”也；其“爱人也，人与之名，不告则不知”，则疑乎“莫之为”也。“莫之为”而为矣，“或之使”而未尝有使之者也。圣人之仁，天地之心，氤氲而不解，不尸功，不役名，不见德。此天之兆于圣人，圣人之合天者也。

虽然，非“莫为”而无其迹，非“或使”而自贞其恒。“不知其然”者，人之谓圣人也。然圣人亦似然而实不然也。知其然，乃可驯至于“不知其然”。圣人之于天道，特不可以情测,而非不可测。未可以“莫为”“或使”之两穷,而概之以“不知其然”也。天地之心,天地之仁;圣人之仁,圣人之心也。

## 外　物

“外物不可必”,必之者成心之悬也。可流、可死,可忧、可悲,忠孝无待于物,流死忧悲,而和未尝焚也。

苟尽于己而责于物,逢其“错行”则“大絯”。雷霆怒发而阴火狂兴,皆己与物“相摩”之必致者矣。忠孝而不焚其和,道恶乎有尽?

故方涸而请“西江之水”,侈于物之大者也;揭竿而“守鲵鲋”,拘于物之小者也;“载”而“矜”之,以物为非誉者也;“知困”“神不及”,移于物之梦者也。以忠孝与世“勃溪”,心有余而自“塞其窦”,名节之士所以怨尤而不安于道。知然,则道靖于己,而无待于物,刀锯水火,且得不游乎?而奚足以为忠孝病!

## 寓　言　阙

## 列御寇　阙

## 天　下　《让王》四篇赝书也,鄙倍不可通

患莫大于“治方术”,心莫迷于“闻风而说”,害莫烈于

“天下之辨者相与乐之”。

大圣人以为天之生己也，行乎其所行，习乎其所习，莫非命也，莫非性也，终身行而不逮，其言若怍，奚暇侈于闻、逐于乐、擅于方术以自旌？

道之在天下也，“无乎不在”，亦择之不给择，循之不给循，没世于斯而弗能尽，又奚暇以其“文之纶”鸣？

“《诗》以道志，《书》以道事，《礼》以道行，《乐》以道和，《易》以道阴阳，《春秋》以道名分。”道也者，导也；导也者，传也。因已然而传之，“无传其溢辞”，以听人之自酌于大樽。大樽者，天下之共器也。我无好为人师之心，而代天之事已毕。故《春秋》者，刑赏之书也，“论而不议”，故“不赏而劝，不怒而威”。

墨翟、禽滑厘、宋钘、尹文、彭蒙、田骈、慎到、关尹、老聃、惠施者流，非刑非赏，而议之不已，为“山林之畏佳，大木百围之窍”而已矣，可以比竹之吹齐之矣，如《春秋》之不议，而又何齐邪？

故观于《春秋》，而庄生之不欲与天下耦也宜。